# LA RAREZA QUE ES GALES

JACK STRANGE

Traducido por
CARLOS PRAHL

*este es Gales. Todos tienen una canción o una historia*
Aelwen Prichard

*Gales: la cuna de la raza británica*
Dicho tradicional

*Gales: la ciudad de los orígenes*
Dicho tradicional

# AGRADECIMIENTOS

Me gustaría agradecer al personal de la Biblioteca Nacional de Gales, a la linda gente que me mostró los sitios fuera del mapa en varias partes de Gales, al perro collie que me mantuvo entretenido en el Puente del Diablo y a la Señora Aelwen Prichard, que salió de la nada, me entretuvo con música, anécdotas, conocimiento e historias y luego se desvaneció sin darme su dirección. También me gustaría agradecer a mi esposa, esa loca mujer que me acompañó en los andanzas sin sentido y no se quejó (mucho) cuando nos empapábamos o nos enlodábamos cuando nos resbalábamos en los raros lagos, andábamos pesadamente por los agitados ríos y husmeábamos por castillos y otras antigüedades.

# INTRODUCCIÓN

Mi nombre es Jack Strange. Hace algunos años escribí *Extraños Cuentos del Mar,* que pareció gustar a algunas personas, y preguntaron que por qué no escribía otros. Entonces escribí *Extraños cuentos de Escocia,* y también *Es un extraño lugar, Inglaterra.* A. J. Griffith-Jones, un autor de excelentes libros, sugirió que continuara mi serie con un libro dedicado a Gales. La tarea no fue difícil, puesto que Gales es un país que conozco y amo y, entonces, aquí escribo algunas de las extrañezas de Gales.

Es posible, remotamente lo es, que en algún lugar del mundo hubiese alguien que nunca hubiera escuchado sobre Gales. En beneficio de esa alma solitaria, y cualquiera que desee saber ligeramente más, comenzaré este librito con una breve introducción, muy personal, sobre Gales, desde la perspectiva de Jack Strange. Aquellos que ya tienen un profundo conocimiento sobre Gales, pueden saltarse los siguientes párrafos.

Gales es un país muy extraño. Toca las cuerdas del corazón de una forma como ningún otro lugar, tal vez excepto Tierra Santa. Por qué es eso, no entiendo; puede ser la combinación de leyendas, escenarios e historias entretejidas en una cierta atmósfera indefinida que penetra el aire, y la lluvia, y el alma.

Gales nos llama con su único lenguaje, sus adorables paisajes de verdor, su antigua y retadora historia y la música que toca el viento a través de sus valles y colinas. En Gales siempre parece haber música. Está en el lenguaje del pueblo, en los topónimos de pueblos y aldeas de nombres que hacen torcer la lengua, los excitantes coros y los partidos de rugby e incluso el oleaje rompiente en la austera costa occidental.

De todas las naciones de la unión política y monárquica que conforma al Reino Unido de la Gran Bretaña e Irlanda del Norte, Gales es el más británico, y también inquebrantablemente único, diferente. Es el más británico porque es el hogar del pueblo conocido como Bretones, los descendientes de los pueblos nativos de estas islas. LLevados en dirección occidente por las tribus invasoras de Anglos y Sajones, atacados por los feroces irlandeses y los paganos vikingos, los bretones resistieron con fuerza. La historia galesa es rica en historias de héroes y guerreros que lucharon en contra de inmensas y arrolladoras posibilidades, y siempre ganaron.

Las montañas cambrianas forman la columna vertebral de Gales; una cadena escabrosa que se extiende al norte y al sur, creando un dramático paisaje ideal para cuentos de hadas y monstruos, brujas y espectros. Gales del Sur tiene al Tintern encantado, las bulliciosas ciudades de Swansea y Cardiff, el apasionado deporte y las minas cundidas de fantasmas. Está la costa de Pembrokeshire, que roba el aliento, con recuerdos de sirenas y de la última invasión de

Bretaña. Al norte dando cara al oeste está la amable Bahía de Cardigan, completa con la tierra desvanecida y luego, cuando el visitante piensa que él o ella ha visto ya lo mejor, se topa de cara con Caernarvon y la isla druida de Anglesey, colocadas contra la increíble belleza de Snowdonia. Siguiendo la costa hacia al Este en dirección a Inglaterra, ya habrás rodeado Gales, aunque queda mucho por visitar para terminar de entender. Para conocer apropiadamente un lugar es necesario hablar con la gente y escuchar lo que te dice. Uno debe ahondar en el pasado, no sólo leer las historias oficiales que nos presentan con cuidado hechos escogidos, sino que entrar en las mentes de los nativos y descubrir lo que pensaban y en qué creían, las tradiciones y el folclore, los temores y leyendas que nos dan indicios del alma oculta de esta tierra. Hasta que estas creencias de la población indígena hayan sido develadas, el visitante, ya sea con mucho o poco tiempo para quedarse, siempre será un extranjero.

Es difícil no encontrarse leyendas, folclore y mitos aquí en Gales. Algunas veces suenan como pura fantasía, y otras están basadas en algún evento probable en el pasado distante que ha pasado a la memoria popular, alterado y retorcido por cientos de generaciones de narraciones. Algunas veces la historia es tan antigua que no quedan palabras, sino sólo duras rocas que quedan viendo al harapiento cielo. Tal es el caso con Mynydd Prescelly, el sitio de la cantera para Stonehenge, y eso, en sí mismo, es extraño. ¿Cómo hizo la gente de las planicies de lo que es ahora Inglaterra incluso para conocer este lugar, qué habilidades y mano de obra se necesitó para cincelar y sacar estos enormes bloques rocosos y cuánto esfuerzo se utilizó para transportarlas tan lejos?

Gales puede ocultar sus talentos y proteger a sus hijas e hijos mejor que cualquier otra nación que yo conozca. Se presenta a si misma como una nación de poetas y mineros de carbón, en donde el narciso y el puerro son importantes, y el dragón es su símbolo. Todo eso puede ser verdad, aunque Gales es mucho más que ello. Es una tierra de suprema belleza que ha producido tal vez más personalidades famosas que cualquier otra de tamaño similar. A pesar de eso, el mundo aún no se da cuenta de la herencia galesa de sus hijos e hijas. Lawrence de Arabia, Henry Morgan el bucanero, Tommy Cooper el comediante, Roald Dahl el autor, el Rey Enrique V de Inglaterra, Robert Recorde el matemático del siglo XVI, Geoffrey de Monmouth quien escribió "Rey Arturo", y Aneurin Bevin quien inventó el NHS. Estos fueron algunos de los famosos y no tan famosos que llamaron "Hogar" a Gales. Otras personalidades son también de ascendencia galesa. ¿Sabía Usted que Daniel Boone proviene de estirpe galesa? Su madre, Sarah Morgan, fue una cuáquera galesa.

¿Habrá sido un galés el primero en descubrir América, siglos antes de Colón? Es posible, dada la historia náutica de los galeses. ¿Fue el Rey Arturo galés? Gales abunda en cultura arturiana, se dice que Arturo luchó contra monstruos y gigantes en el norte del país, como si luchar contra los sajones invasores no hubiese sido suficiente. ¿Habrá tesoros piratas enterrados en una isla de la costa galesa? ¿Quién fue el caballero fantasma de Tintern? ¿En dónde está la Lourdes de Gales? Hay muchísimas preguntas sobre ésta, la más extraña de las tierras.

Así como con toda nación europea, las fronteras de Gales han sufrido alteraciones a lo largo del tiempo. En una época todo lo que es ahora Gales e Inglaterra, además del sur de Escocia, hablaban el idioma que hoy conocemos como Galés, aunque la idea de una única nación unida en un estado no fue entonces considerada. Para simplificar una compleja situación que toca la religión y la inseguridad nacional inglesa, en 1536, el rey Enrique VIII dictó la asi llamada Acta de la Unión en la que fijaba los límites entre Gales e Inglaterra. Algunos trozos de lo que una vez fue Gales fueron incluídos en países ingleses, y se ve en la plétora de nombres en galés en el suroeste de Herefordshire. Topónimos de aldeas, como Llancillo, Llandinabo y Llanrothal, todas ahora en Inglaterra, hablan de herencia galesa. Puedes sacar a un galés de Gales, pero nunca lo galés del paisaje. Y eso nos presenta la pregunta: ¿Por qué los extranjeros usan los términos Gales y Galés?

El nombre correcto para Gales es *Cymru*, la palabra para lo galés, y la *Cymry,* usada para el país. El nombre *Galés* viene del alemán, anglosajón, palabra usada para *riqueza*, que significa "extranjero". En otras palabras, cuando las tribus germánicas invadieron esta tierra durante los siglos V y VI, designaban con esa palabra a cualquiera no-alemán, incluidos los extranjeros *Cymry* en su propio país. Y esto se pone cada vez más raro.

Gales es tierra de castillos, a menudo construidos por los invasores para intentar controlar un pueblo no fácil de volver subordinado. Los invasores, que llegaron ola tras ola, de los romanos a los sajones a los normandos, debían haber sido aprehensivos al poder de los galeses para guardarse dentro de tan formidables fortificaciones. Imagínese, con guerreros como Owen Glendower y Llewellyn el Grande defendiendo Gales; los invasores eran personas muy sabias como para esconderse dentro de muros de roca sólida.

El idioma galés no es el más fácil de leer. Es antiguo, es celta, y ha sobrevivido años de persecución. Agregaré una breve nota para ayudar con la pronunciación. Hay solamente veinte letras en galés, opuesto a las veintiséis del inglés, con las consonantes j, k, q, v, x y z desconocidas. Como consuelo, la letra 'f' es pronunciada como 'v' y la doble f 'ff' es pronunciada como 'f'. La doble 'd' – 'dd' es igual que la 'th' inglesa (dh en español) y la 'll' es similar a la 'hl' – ¡Usted debe escuchar el sonido para pronunciarlo debidamente! Los topónimos son a menudo topográficos, con llyn siendo un lago y bryn una montaña.

He aquí unas pocas palabras comunes que suceden en la geografía de Gales:

*Aber* – estuario
    *Afon* – río
    *Bach* – pequeño
    *Bont* – puente
    *Bwlch* – paso
    *Caer* – fort
    *Capel* – capilla
    *Cwm* – valle
    *Fawr* – grande
    *Gwyn* – blanco
    *Llan* – iglesia
    *Llyn* - Lago
    *Maen* – roca, acantilado
    *Mynydd* – montaña
    *Tre* – pueblo.

He hecho lo mejor que puedo para pronunciar y escribir correctamente los nombres galeses, pero es inevitable que cometa algún error. Por ello, sólo puedo disculparme y esperar el perdón.

Con cabañas con muros para protegerlas del clima, cervezas llamadas Cerebros, una historia de minería que se extiende a hasta el 2000 a.C., y una plétora de fantasmas, así como pequeñas criaturas, castillos encantados y mosntruos lacustres; costumbres inusuales o símbolos históricos, Gales es, de hecho, un país como ningún otro, es un país extraño. Es Gales. *Cymru am byth*! ¡Por siempre Gales!

## LOS SÍMBOLOS DE GALES
## DRAGONES, NARCISOS y PUERROS

Toda nación tiene sus símbolos nacionales. Los Estados Unidos de América tienen el águila calva y el bisonte, Canadá tiene la hoja de arce y el castor, Rusia el oso. Gales, siendo antiguo y galés, tiene tres, el dragón, el narciso y el puerro. Podría tomar en cuenta las tres plumas del Príncipe de Gales, pero es más un símbolo real que uno nacional. Otros podrían estar en desacuerdo, y puede ser que tengan razón.

De todos los símbolos de Gales el dragón es, indiscutiblemente, el mejor conocido. De hecho, Gales es el hogar del dragón o el *draig* en galés. Es cierto, otras naciones tienen dragones en sus ceremonias e historias, y se dice que San Jorge venció al dragón en el medio oriente, pero Gales está tan orgullosa de su dragón, que hasta lo lleva en su bandera.

Sin ser sorpresa, hay muchas leyendas de dragones en Gales. Por ejemplo, está la historia de Vortigern, un rey celta

semilegendario de alrededor de fines del siglo IV y principios del V d.C. Según una leyenda, Vortigern intentaba
escapar de la horrible invasión sajona, y decidió construir
un castillo en la pequeña colina de Dinas Emrys en lo que
ahora es Gwynedd en el noroeste de Gales. Sin embargo, las
primeras obras de Vortigern no tuvieron éxito, y se le dijo
que las fuerzas sobrenaturales eran las que estaban evitando
que tuviese éxito. La cura para tal interferencia, dijo algún
sabio, era sacrificar a un hombre joven. Vortigern buscó
algún sacrificio apropiado y halló a un tipo llamado Merlin,
quien le había dicho al rey que era un poco tonto intentando
construir un castillo sobre un lago subterráneo que tenía dos
dragones durmiendo.

En esos días de antaño parecía ser rutinario toparse con
muchos dragones en Gales, por lo que los trabajadores de
Vortigern cavaron y cavaron hasta encontrar a las ofensivas
criaturas. Un dragón era rojo y el otro blanco y, tan pronto
llegaron los humanos, comenzaron a pelear entre ellos. El
rojo era símbolo de los bretones, o galeses, mientras que el
blanco era de los invasores sajones o ingleses. Eventualmente, obtuvo la victoria el rojo y su triunfo fue tomado
como profesía de que vendría el rey Arturo. Uno debe tener
en cuenta que el padre del rey Arturo era nada más que
Uther Pendragon, y la leyenda dice que Arturo peleaba bajo
el estandarte de un dragón. En este confuso revoltijo de
leyendas puede haber un grano o dos de verdad. Algunos
dicen que el dragón rojo ha sido el símbolo de Gales desde
la época de Vortigern, y para siempre.

Lógicamente no hay una sóla leyenda que explique el
origen del nombre del castillo de Vortigern. Una versión de
la historia dice que el Dinas Emrys honra realmente el
místico Myrddin Emrys, más conocido como Merlín. Otras
personas afirman que Dinas Emrys significa La Fortaleza de

Emrys, otro nombre para Ambrosius Aurelianus, quien poseyó la fortaleza después que Vortigern. Las leyendas y mitos no son muy honestas, y a menudo entran y salen de la verdad, fantasía y posibilidades en un nudo celta que parece estar determinado para confundir al lector.

Indudablemente hubo una fortaleza en Dinas Emrys, con Llewelyn el Último (c 1223 – 1282) el último Principe de Gales nativo, a quien se le da el crédito de haberla construido, y no Vortigern. Sin embargo, las ruinas actuales están emplazadas en un sitio más antiguo, que data probablemente de unos dos mil años, y cuando los arqueólogos examinaron el fuerte en la década de los 1950s, hallaron un estanque o lago, aunque los dragones hacía tiempo se habían marchado. ¿Que fue primero, el estanque o la leyenda? ¿O habrá tenido algún morador del fuerte, ya olvidado hace tiempo, algunas bestias exóticas en ese estanque?

Por supuesto que existe también una leyenda que nos narra cómo llegaron los dragones a ese estanque, en primer lugar. El *Mabinogion*, ese fantástico libro que contiene tanto del folclore galés, es la fuente. El *Mabinogion* establece que, cuando Lludd era el rey, una época tan distante que fue incluso antes de que arribaran las legiones romanas "de hierro", cada víspera de mayo toda la campiña se estremecía bajo un terrible grito. El sonido era tan espantoso, que todo quien lo escuchaba, quedaba petrificado, causaba abortos y mataba animales en el punto. Llefelys, el rey de Gaul, le contó a Lludd que era el sonido que los dragones emitían al luchar entre si. Llefelys afirmaba que el dragón británico gritaba porque un dragón invasor lo estaba derrotando.

Para confundir más las cosas, en ese entonces los dragones se convertían de forma periódica en cerdos, de forma que Lludd esperó hasta que ambos alteraran su apariencia y capturó a ambos cerdos-dragones en un caldero lleno de vino de miel. Una versión alterna de la historia nos dice que los dragones simplemente bebieron el licor de miel y cayeron dormidos por la borrachera, sin hacer mención al cambio a cerdo. De cualquier manera, una vez que hubo capturado a ambas bestias, Lludd los enterró en la Dinas Emrys. El sitio en el que permanecen se encuentra aún señalizado, como un círculo de rocas que precede incluso a la fortaleza original.

Una leyenda lleva a la otra, y a otra. Hallaremos una gran cantidad de tesoros en nuestro andar por Gales, y un lote le perteneció a Merlin o Myrddin. Él ocultó su tesoro en una caverna cerca de Dinas Emrys, y profetizó que, cuando un individuo en particular, de hermosa cabellera y ojos azules llegara, él o ella escucharía una campana, la que lo llevaría a la caverna. Lógicamente, la cueva se abriría mágicamente, aunque no está claro qué sucede luego. Se presume que el individuo de cabello bello se retorcería de placer y delicia al hallar tanto oro; el equivalente medieval de ganarse la lotería. También, cerca de Dinas Emrys está Cell y Dewiniaid, un nombre que, aparentemente, significa "el huerto de los magos". El folclore local indica que los magos que se reunían aquí eran los sacerdotes de Vortigern, y quedaron sepultados en el campo vecino. Posiblemente, y esta es una conjetura tentativa, todos estos sucesos mágicos están ligados con estas actividades de los una vez druidas, que estuvieron activos en ésta área y emergieron a todo lo largo y ancho de Gales. Aunque los robles y los druidas tienen una conexión, con toda seguridad, la memoria popular sólamente retuvo algunas confusas colecciones de aquella antigua religión.

Pero ya nos hemos desviado un poquito en el tema de los dragones galeses. Yaciendo los dragones de Vortigern, el blanco y el rojo uno junto al otro, el símbolo de los dragones es muy antiguo y puede, de hecho, preceder a la leyenda. Cuando los romanos ocuparon las dos terceras partes de Bretaña, las de más al sur, reclutaron hombres para su ejército, y esos soldados parece ser que lucharon bajo un estandarte de dragón. Algunos creen que Magnus Maximus, un general romano español, basado en Gales cuando el imperio romano se desintegraba, adoptó el dragón como su símbolo. Otras personas dicen que, cuando los romanos se retiraron, algunos reyes británicos usaron el logo en su bandera, dada la conexión arturiana. O eso dicen las leyendas, así como la *Historia Brittonum*, escrita alrededor del 828 d.C.

Con una base histórica más concreta, tenemos a Henry Tudor, quien luego se convirtió en el Rey enrique VII. Este rey Enrique en particular nació en el castillo Pembroke en Gales, y fue uno de los protagonistas en La Guerra de las Rosas. En 1485, mientras marchaba hacia la batalla de Bosworth contra Ricardo III, muchos galeses apoyaban a Enrique y tenían al dragón rojo volando por sobre sus cabezas. Luego que la batalla fuera ganada y asegurada la corona, el rey Enrique utilizó la bandera galesa del dragón bendecida en la Catedral de San Paulo en Londres. Con la típica ingratitud de los reyes, cuando la Unión de las Coronas entró en vigor en 1603, sólamente las cruces de Escocia e Inglaterra se utilizaron en la primera bandera de la Unión. El dragón de Gales quedó abandonado en el frío.

Para complicar más las cosas, hay un rival para la bandera galesa. En Gales, el dragón rojo es *Y Ddraig Goch*, mientras que el estandarte de Owain Glyndwr era *Y Ddraig Aur*, el dragón dorado. Owain Glyndwr (c 1349-c1416) fue un príncipe galés que intentó unir Gales y expeler a los ingleses. Tras una serie de victorias, fue vencido, eventualmente. Son inciertos los detalles de su muerte, pero quedó como una figura influyente en las mentes galesas. Owain Glyndwr alzó su bandera del dragón durante la batalla de Tuthill en 1401, y algunos piensan que el dragón dorado sobre fondo blanco fue la insignia original de Uther Pendragon y Arturo, más que un dragón rojo. La bandera actual de Gales tiene un dragón rojo de Cadwaladr ap Cadwallon, sobre el campo de verde y blanco de los Tudor de Enrique VII. En caso que Usted no lo sabía, Cadwaladr ap Cadwallon fue el rey de Gwynedd desde la década de los 650s hasta 682, y luchó contra los Anglos, que avanzaban, con un impresionante éxito.

Como ya mencioné antes, Gales tiene un cúmulo de leyendas de dragones. En mis recorridos por el país, tanto física como metafóricamente, localicé algunas, y las listo aquí abajo pero, indudablemente, hay más.

Hay una rara historia sobre el castillo de Gwys, otrora conocido como castillo de Wiston en Pembrokeshire, que era el hogar de un dragón con muchos ojos. La leyenda dice que, si alguien resultaba viendo al dragón antes que éste lo hiciera, esa persona podría reclamar las tierras y el castillo para sí. Mucha gente lo intentó, sólo para que la bestia de múltiples ojos los viera de primero. Eventualmente, un chico se metió dentro de un barril y puso a personas a rodarlo dentro del castillo. Presumiblemente, espió por un agujero en el barril y vio al dragón de primero, reclamando el premio.

Aparentemente los dragones han sido cosas engañosas y los humanos han necesitado ser siempre astutos para derrotarlos. Cuando un dragón se estableció en la torre del campanario de la Iglesia de San Teilo en Llandeilo Graban en Powys, los locales no estaban nada felices. Sabían que no podrían matar a la criatura en una pelea directa, y entonces un hombre decidió engañarlo. Hizo un dragón de roble con un artefacto de trampa automática con púas de acero, como un erizo gigante. El dragón del campanario vio a su rival y voló a atacarlo, sólo para ser atravesado por las púas, y morir.

Ese dragón se pudo considerar muy afortunado, comparado con el de Newcastle Emlyn en Carmarthenshire. Este orgulloso dragón vivía en un castillo local abandonado, y con su cuerpo con gruesa armadura, su cola que azotaba y su aliento venenoso, pensó ser invulnerable. Sin embargo, como Aquiles o Superman, todos y todo tiene un pundo débil, y el dragón de Newcastle Emlyn no era la excepción. Un guerrero local supo sobre el punto débil del dragón y se las arregló para alcanzarlo. Consiguió un cuadro de tela roja y lo agitó, lo cual irritó al dragón, que voló hacia él en su ataque, tomó la tela y salió volando de nuevo. Sin embargo, cuando ése se elevaba, el guerrero obtuvo una clara vista del trasero del dragón y le lanzó una flecha. Esa era su lugar vulnerable. El dragón se fue volando, gritando, como cualquiera con una flecha clavada en su trasero, y cayó al rio. Todo el veneno en su cuerpo se derramó y masacró a los peces locales.

Y no hemos acabado aún con los dragones. Hay algunos detallitos más en la tradición galesa de dragones. Para la Primera guerra mundial (1914-1918) los soldados galeses parecieron adoptar, o mejor dicho, reafirmar el dragón rojo como su emblema, y se convirtió oficialmente en la bandera nacional de Gales en la década de los 1950. Siendo Gales, por supuesto, hay otra alternativa para bandera nacional con la antigua Cruz de San David, una cruz dorada sobre un fondo negro. Sin embargo, aún seguimos hablando de dragones.

A principios del siglo XX y, especialmente en 1910, los miembros galeses de las Casas Parlamentarias hicieron campaña para que el dragón galés fuese introducido en el estandarte real. Un pequeño poema de 1901 le manifiesta al rey:

"Oh tómadme en vuestros brazos Reales, os ruego
Y dejadme estar en el estandarte
No echéis a andar las carrozas reales
Hasta que tengan un drag-ón."

Para el día de San David, se realizaba una práctica común desde 1922: el izar la bandera de la Unión en la torre del águila y la del dragón en la torre oriental baja del castillo de Caernarvon, lo que, para los galeses, indicaba que el dragón se encontraba en una posición subordinada en su propio país. Para el Día de San David de 1931, la Oficina de Trabajo rehusó que el dragón galés volara sobre la torre del águila, de modo que un grupo de nacionalistas galeses tomaron el asunto en sus propias manos. Arrastrando la bandera de la Unión, enarbolaron la del dragón galés, para enfado de los ingleses y unionistas incondicionales. Cuando ondeaba el dragón, la multitud aplaudió y aclamó. Desafortunadamente, las autoridades bajaron a tirones la bandera galesa y restauraron la bandera de la Unión. En 1932, una reunión de estudiantes galeses bajó la bandera de la Unión y la rompió en pedazos.

Tras la conmoción de 1932, Mr Ormsby-Gore MP, Lord Harlech declaró que en el futuro dos banderas deberían ondear a la misma altura para el día de San David y para el cumpleaños del rey. Para las celebraciones de coronación de 1937 el pueblo de Gales tuvo la oportunidad de exhibir su bandera del dragón rojo en vez de la de la Unión.

Inclusive en Gales, no todo mundo aprueba al dragón galés. En agosto de 1949, en la iglesia parroquial de Santa María en Dolgelly en Gwynedd, fue derribada la bandera de la unión e izada la galesa. Los campaneros locales inmediatamente bajaron al dragón y colocaron de vuelta la de la unión. Aparentemente objetaron, pues habían dado la bandera de la unión a la iglesia en primer lugar. Y, en 1955, cuando la bandera de la unión ondeó sobre la eisteddfod – el festival musical y cultural galés - los galeses la tumbaron e izaron el dragón, con la excusa de que la de la unión ondeaba más alto que los dragones que la flanqueaban.

El dragón galés es una criatura susceptible, y nadie puede oponerse a ello. Como dijo una vez Tolkien: "nunca te mofes de dragones vivos", y el dragón galés está muy vivo, por lo que nunca debe ser objeto de burla.

Otros dragones, bajo diferentes nombres, también pueden estar vivos. Hay un túmulo prehistórico en Trelech a'r Betws en Carmarthen, que tiene un dragón, o sea un gwiber, o una serpiente voladora, para protegerlo, aunque no ha sido visto durante muchos años. No pude obtener ninguna historia o leyenda que notifique sobre algún ataque realizado por tal criatura, a diferencia del Wybrant Gwiber de Betws y Coed que, según una leyenda, una vez le partió la garganta a un hombre que lo atacó, y luego lanzó al desafortunado, y muy estúpido, al rio.

Hay muchas otras leyendas, como la del dragón de Llyn Cynwych en Dolgellau en Gwynedd, que no usa fuego sino sólo el poder de su mirada para matar. Un granjero local esperó hasta que el dragón se quedara dormido y le aplastó la cabeza con un hacha. Los locales lo enterraron cerca. Entonces fue el dragón el que una vez acosó la aldea de Llanrhaeadr ym Mochant en Powys. Los locales fracasaron al matarlo por los métodos usuales de espada, lanza y esperanza. Como último recurso, erigieron un pilar de piedra, añadieron una capa de lanzas y cubrieron el edificio entero con una tela roja. Como todo el mundo sabe, el color rojo irrita a toros y dragones, por lo que el dragón se esponjó y atacó el pilar de trampa. Arremetiendo sin ningún cuidado, el dragón se empaló a si mismo en las lanzas, y murió.

¿No será bueno tener una historia de dragones en la que éste gane? Toda esta matanza de dragones es por lo general algo parcial.

Finalmente, hay otro dragón en Penmynydd en Gwynedd. El terrateniente local estaba tan molesto al ver que perdía su dinero, ovejas y, sin duda, varias vírgenes, devorados por la criatura alada, que contrató a un hombre que erradicara la peste. Luego de que el matadragones hubiese fracasado en destruir a la bestia a espada y lanza, él, como otros antes de él, recurrieron a astucias bajas. En vez de utilizar una trampa con lanzas, el matadragones cavó una profunda fosa y colocó un espejo de bronce en el fondo. Lógicamente, el dragón cayó en el agujero, vio su reflejo y luchó contra él. Cuando quedó agotado, el matadragones saltó a la fosa y machacó la cabeza de la criatura exhausta.

Como puede notarse, muchas de las historias de dragones son cortas y carecen de detalle. Es posible que en algún momento hubiesen sido más extensas, pero el tiempo las ha erosionado, o tal vez siempre fueron los trocitos sin contenido. No debe sonar tan raro que Gales posea toda una plétora de cuentos de dragones, pues sería más raro que la tierra del dragón careciera de ellas.

Así como dragones, Gales tiene el humilde puerro como símbolo nacional. Según varias tradiciones, los antiguos druidas usaban puerros en sus ceremonias, pero lo mejor registrado es una leyenda que indica que el uso del puerro data del año 633 cuando Cadwallon, rey de Gwynedd, venció a Edwin, rey de Northumbria. Cadwallon era el regente contra las fuerzas dominantes del siglo VII, una época en la que los anglos y los sajones expandían sus fronteras dentro de la tierra de los Cadwallon los detuviera e inflingiera derrotas de primero en los mercianos y luego en los Nortumbrianos, con la batalla decisiva en Hatfield Chase, en la que se dice que los hombes de Cadwallon llevaban puerros para distinguirse de los enemigos.

Bede, el sacerdote Nortumbriano, y también historiador, llamó a Cadwallon "el líder indiscutible de los bretones", y también un "un atroz tirano", de manera que el rey galés tenía que haber sido muy efectivo contra los Nortumbianos. Los insultos de un enemigo siempre deben ser vistos como elogios.

Otra tradición indica que fue San David el primero en pedir a los galeses el llevar puerros para identificarse, desde tanto como el año 540 d.C. Esa leyenda también fue una buena excusa pra presentar a San David, el santo patrono de Gales. En galés, él es el *Dewi Sant,* y nació en Caerfai en Pembrokeshire, siendo canonizado en 1120 por el Papa Calixto, cuando los galeses resistóan las invasiones normandas en su país. David es el único santo nacional británico que nació en la tierra de la cual es patrono, con Patricio (santo de Irlanda) nacido en Escocia, Andrés (santo de Escocia) nacido en Palestina y San Jorge (santo de Inglaterra), supuestamente soldado romano, nacido en Turquía. San David tenía sangre azul, con su padre como un príncipe y su madre hija de un cacique local. Fue ordenado arzobispo tras un peregrinaje a Palestina, y también fundó una docena de monasterios que fueron reconocidos por su simpleza austera. El milagro más conocido de David ocurrió cuando predicaba en el Sínodo de Brefi. La multitud era tan grande, que no podían todos verlo o escucharlo, de manera que levantó el suelo bajo sus pies para asegurarse una visibilidad realzada.

Con tantas leyendas arturianas en Gales, tal vez no sea

sorpresivo que algunos creyesen que San David era el sobrino de Arturo. Raramente, el Dia de San David no es un asueto público, con el Primer Ministro Tony Blair rechazando las súplicas para que lo fuera, inclusive tan recientemente como en 2007.

En el Londres del siglo XVII, más de un siglo después de la "Unión" entre Gales e Inglaterra, cualquier connato de celebración galesa al Día de San David, era celebrada con mofas hacia las multitudes inglesas que desfilaban por las calles linchando efigies de los galeses. No estoy seguro del por qué había tanto ánimo hacia el pueblo nativo británico que celebraba al santo nacido en casa. Un siglo después, el Día de San David se celebró comiendo un "Taffy", un pan de jengibre en forma de un galés montando una cabra. Hoy en día es más común celebrar el día de San David llevando un narciso o un puerro, con una tradicción en los regimientos galeses de la armada Británica, en la que los soldados comen puerro crudo.

Para el día de San David de 1808, el 23vo Regimiento, los Fusileros Reales Galeses, navegaban hacia Canadá. Era tradicional que cada oficial comiera un puerro, con una estricta orden de prioridad. Los oficiales más antiguos y los que habían peleado en campañas, tenían permitido un puerro pequeño, condimentado con sal. Los oficiales que habían prestado al menos algunos años de servicio pero no habían visto acción, debían comer un puerro más grande, y sin sal. Y para los oficiales que celebraban por primera vez el Día de San David en el regimiento, se les conseguía el puerro de mayor tamaño posible, y debían ingerir cada trozo y, según el Insignia Thomas Henry Browne, luego General Browne "pasan los días antes de que el olor y sabor se hayan pasado". No hay dudas de la duradera conexión entre los soldados galeses y los puerros, pues en 1917, un soldado galés escribió a casa desde Medio Oriente, diciendo que "los puerros son tan grandes como postes". Los turcos, el enemigo en ese entonces, se referían a los galeses como "Demonios Azules".

Dejando de lado la idea de San David introduciendo los puerros, existe una insinuación más prosaica, que dice que los puerros se volvieron un cultivo importante cuando los granjeros de Gales del Sur se ayudaron entre si a la hora de arar el suelo. Este evento en comunidad fue celebrado con un tazón de sopa comunal, para la cual cada granjero aportó un sombrero repleto de puerros.

Una sugerencia, la última relacionada con los puerros, proviene de la Batalla de Crecy, a menudo celebrada como la gran victoria inglesa sobre los franceses. Y fue, de hecho, un ejército aliado, con caballeros ingleses, y lanceros galeses e irlandeses, y arqueros ingleses, quienes derrotaron a los franceses y sus aliados ese sangriento 26 de agosto de 1346. Según la historia, en cierto punto los arqueros galeses acampaban sobre un campo de cultivo de puerro, cuando un cierto capitán Cadwgan Voel les ordenó colocar puerros en sus cascos, para identificarlos mejor. Shakespeare lo puso sucintamente en *Enrique V,* acto 4, escena 7: "los galeses prestaron bien su servicio en un jardín en el que crecían los puerros".

Aparentemente, la conexión entre Gales y los narcisos es más reciente. En 1912, la prensa tuvo un vívido debate de si emblema nacional de Gales debía ser la "verdura apestosa", el puerro, o el bello narciso. Tan recientemente como en julio de 1911, cuando uno de los muchos reales "Eduardos" fue coronado Príncipe de Gales en el Castillo de Carnarvon, aceptó al narciso como el emblema nacional de Gales.

Hay una extraña leyenda sobre cómo llegó a Gales el

narciso. Hace unos pocos miles de años, cuando los pueblos del norte de España eran expertos en la forja del hierro, usaban carbón vegetal para fundir el mineral. Durante un otoño, uno de sus barcos fue atrapado en una tormenta y llevado muy cerca de la costa de Gales. Los marineros bajaron a tierra y vieron a los galeses escarbando la hulla (carbón mineral), que ellos usaban como combustible.

Como, lógicamente, los españoles eran curiosos y nunca habían visto hulla antes, se preguntaron si estas extrañas piedritas negras serían más efectivas para fundir el metal, en vez de sus carbones vegetales nativos. ¿Pero qué podían dar a cambio? El simple robo de la hulla estaba fuera de cuestión, pues los galeses eran guerreros muy cruentos. Pero al ver los españoles a los galeses adorando al sol, se les ocurrió una idea: no le podrían dar a los galeses el sol pero, a cambio, les entregarían lo más cercano a él, una flor muy similar al astro rey en el cielo. Navegaron de regreso a casa y volvieron con una carga de bulbos de narciso, que los galeses aceptaron en trueque, quedando como el símbolo nacional de Gales.

Existe, lógicamente, una explicación más racional, aunque menos colorida. La palabra galesa para narciso es *Ceninen Pedr*, Puerro de San Pedro, y los dos nombres y plantas se confundieron al realizar la traducción. Personalmente, prefiero la historia más rara.

Por último, deberé mencionar el idioma de Gales. El galés es uno de los lenguajes nativos de les islas británicas, junto con el gaélico y el cómo se haya llamado el idioma de los Picts de Escocia. Sin embargo, ha estado bajo ataque desde las invasiones por las tribus germánicas de los sajones, jutos y anglos, durante los siglos V y VI.

Después de la "unión" con Inglaterra durante el siglo XVI, el idioma inglés fue introducido como el único permitido utilizar en las cortes galesas. Las personas que hablaban galés eran vedados de ocupar cargos públicos en cualquiera de las tierras que poseía el rey de Inglaterra. La idea había sido que, eventualmente, el idioma galés dejase de existir, e incluso hasta, probablemente, la cultura galesa junto con su patriotismo. Proyectos similares fueron puestos en ejecución en Irlanda y Escocia, con resultados diversos.

A mediados del siglo XIX se llevó también el sistema educacional inglés a Gales, con maestros que únicamente hablaban el inglés. A todo niño encontrado hablando galés, le era entregado un Welsh Not (o nudo galés), un palo, o placa u otra forma de identificación que él o ella debía sostener y pasar a cualquier otro niño que se atreviera a hablar en su idioma nativo. Al final del día, cualquiera que estuviese portando el Welsh Not sería fuertemente castigado. De nuevo, algunas tradiciones similares existieron para gaeloparlantes en Irlanda y los altiplanos escoceses, e incluso, durante mi niñez en Escocia, los pupilos eran desalentados de forma activa y muy dolorosa de hablar escocés en la escuela.

Hubo, por supuesto, resistencia de los galoparlantes a esta rara noción de castigo de niños galeses por hablar galés en Gales.

Ningún libro de "Extraño Gales" estaría completo si no se mencionara el topónimo más largo de toda Bretaña: Llanfairpwllgwyngyllgogerychwyrndrobwllllantysiliogogoch – que significa "La iglesia de Santa María cerca de la hondonada del álamo temblón, sobre el remolino y la iglesia de San Tysilo cerca de la caverna roja". Está en Anglesey, un antiguo centro druida y, con ese nombre, cerraré este capítulo.

## 2

## LA RESPUESTA GALESA A NESSIE

Apostaría dinero a que la mayoría de la gente en el mundo occidental ha escuchado algo acerca de Nessie, el monstruo del lago Ness en Escocia, aunque relativamente muy pocos habrán escuchado sobre el afanc, el equivalente galés. Es una lástima, ya que el afanc es, en cada pedacito, tan misterioso como Nessie, y tiene una larga historia. Incluso puede haber hasta una colección completa de afancs, en distintos sitios, y nadie está totalmente seguro de cómo lucen. Algunos piensan que es como un cocodrilo, otros que es un demonio o un enanito, y algunos otros dicen que es un pariente del leprechaun irlandés.

¿Y si el afanc fuese un demonio enano que tiene forma de cocodrilo? ¿Cuán raro sería eso?

Cualquiera fuera su forma, se dice que el afanc vive en Llyn Barfog, el Lago Barbudo, cerca de Aberdyfi en Gwynedd. El rey Arturo, quien aparece en leyendas por todo Gales, tenía la reputación de haber sacado a la criatura del lago y haberla matado. Sin embargo, probablemente el afanc más famoso solía vivir en el estanque que lleva su nombre, Llyn yr Afanc, no lejos de la aldea de Bets-y-Coed en el valle de Conwy al norte de Gales. Una versión de la historia va asi:

En los tiempos de antaño, cuando los dragones recorrían la tierra, y cuando todos los hombres eran valientes, y fuertes y guapos, y todas las mujeres eran bellas y virtuosas, el pueblo del valle de Conwy estaba muy perturbado. Cualquier cosa que cultivaran, o si ponían su ganado a pastar en los campos cercanos al río, el nivel del agua subía e inundaba las tierras, arruinando el grano o ahogando el ganado. No se habían puesto a analizar si tales eventos eran naturales, pero no lo eran. Un terrible afanc era el responsable.

Típicamente, en esos tiempos de guerreros, algún valiente caballero vendría y liberaría a los aldeanos de su agobio, pero este afanc era un poquito demasiado horroroso, incluso para los héroes viajeros. Era una bestia enorme, que hacía pedazos las orillas del río, de ahí las inundaciones, y tenía una piel gruesa que repelía incluso lanzas y flechas de los caballeros. De hecho, ningún arma humana lo podía dañar.

Al no poder ser muerto por arma humana, se debía hallar algún otro método para deshacerse del afanc. Los ancianos y algunos aldeanos sabios tuvieron una reunión para discutir el problema. Todas las historias antiguas dicen que los "hombres sabios" tuvieron una reunión, y ninguna menciona a las mujeres. ¡Ja! ¿Desde cuándo las galesas irían al revés y no al derecho? Apostaría buen dinero a que las mujeres también colaboraban con sabios consejos y, probablemente, influenciaron los eventos más de lo que los hombres podrían haber admitido. Quien fuera que tuviese la última palabra, decidió poner un anzuelo al afanc, para que saliera lejos del estanque, y depositarlo en un lago lo más lejano posible. Escogieron al Llyn Ffynnon Las, cerca del Monte Snowdon, como el nuevo hogar del afanc.

Los locales contactaron al herrero más hábil de toda Gales para forjar una cadena de hierro que lograra soportar al afanc, y trajeron a los poderosos bueyes de Hu Gardan para arrastrarlo lejos. Todo lo que quedaba era poner el anzuelo al afanc, atrayéndolo fuera de su estanque, para poderlo capturar. Como cualquier persona que ande tratando con criaturas de la mitología puede saber, los afancs, dragones y otras bestias salvajes, no prefieren nada más que una bella muchacha. Los locales se pusieron a buscar a una muchacha asi de bella y una, la hija de un granjero, se ofreció como voluntaria para ser la carnada.

Debieron haber sido necesarios unos enormes nervios de acero, tan fuertes como el cuero del afanc, como para ponerse a la orilla del estanque a cantar suavemente para atraer la atención de la bestia. Eventualmente funcionó el sistema, y el afanc salió de las profundidades en una explosión. Inclusive con el monstruo viéndola fijamente, la chica continuó cantando, hasta que el afanc salió del agua y puso sus cuatro patas en tierra y, en vez de comerse a la dama, la bestia puso a descansar su enorme cabeza a su lado, arrullado por la dulzura de su voz. Sólo entonces fue cuando los hombres aparecieron con las cadenas, para asegurar al afanc durmiente. Cuando la criatura se despertó y se vio atada con tal seguridad, reaccionó con furia, latigueando con su cola e intentando deslizarse hacia su estanque. Una versión del cuento afirma que, en la lucha, el afanc mató sin querer a la hija del granjero. Otras versiones ni siquiera mencionan ese hecho. Me enfocaré en la más alegre de las versiones y mantendré a la valiente galesa viva, pues tal valor merece una recompensa.

Ahora fue cuando Hu Gardan comenzó a echar mano de sus bueyes para halar las cadenas, arrastrando al afanc tierra adentro, con los hombres locales ayudando con su poder muscular. Desde la orilla del rio, hombres y bueyes remolcaron al afanc, pulgada a pulgada por la lucha, hacia el Llyn Ffynnon Las. Según la leyenda, un buey hizo tanto esfuerzo, que se le salió un ojo de la cuenca, y las lágrimas de dolor que le salieron, crearon el Pwll Llygad yr Ych, o el "Estanque del ojo de buey". Eventualmente, la procesión alcanzó el Llyn Ffynnon Las y dejó libre allí al afanc, que se arrojó a su nuevo hogar y quedó viviendo, hasta su muerte, quedando allí mismo sus restos. Otra versión del cuento (pues en Gales siempre hay otras versiones) afirma que un guerrero de nombre Peredur, hijo de Efrawg, asesinó al afanc cuando los bueyes lo halaban fuera del rio.

A diferencia del monstruo del lago Ness, que fue razonablemente calmado en su encuentro con San Columba durante el siglo VI, y la introducción del turismo masivo en el XX, los afancs meten la cabeza en la mitología de cuando en cuando. Una criatura asi aparece en *The Mabinogion*, y otra más aparece en un poema por Lews Glyn durante el siglo XV. Este afanc estaba en el lago Llangorse en Powys, conocido en ese entonces como Llyn Syfaddon. Es evidente que en Gales hay afancs por doquier. No hay duda de que comparten las características usuales, y esperan a que alguien entre al agua, punto en el que lo atacan y se lo comen.

Una historia con características similares sobre el Llyn yr Afanc proviene desde Brynberian en Pembrokeshire del norte, y dice que una vez, en un pasado no registrado, hubo un monstruo, un afanc, en un lago cercano. La leyenda reza que el monstruo vivió en dicho lago, o estanque, o rio, y devoraba ovejas y otros animales. Los aldeanos decidieron que era suficiente, y utilizaron una técnica aprobada para capturar monstruos, que era utilizar una bella muchacha como carnada. Presumiblemente, todos estos afancs eran machos, pues una afanc hembra hubiese preferido un guapo muchacho.

Dejando a una indudablemente aterrorizada chica a la vista junto al lago, los hombres de la aldea quedaron a la espera. El monstruo apareció, la muchacha corrió, y los hombres atacaron súbitamente, usando cadenas y lazos para asegurar a la bestia. Cuando estaba ya atada, los hombres la atacaron con las jabalinas por las que Gales es famosa. Mataron al monstruo, lo arrastraron lo más lejos del lago que pudieron, y lo enterraron, o eso es lo que dice una versión de la historia. El sitio de la sepultura se llama Bedd-yr-Afanc, lo que significa "La tumba del monstruo" o incluso, más prosaico, "La sepultura del castor". La cámara mortuoria ha dado origen a la leyenda y a su impresionante cúmulo de rocas de 35 pies de largo, del neolítico, que sella una galería funeraria.

Finalmente, mencionaré caballos de agua, los que eran conocidos a lo largo de las tierras celtas de Bretaña y Gales sin excepción. El rio Towy en Carmarthen tuvo un caballo de agua, que era reconocido por sus ojos fieros y su aliento caliente. No lejos, en las costas de la Bahía de Carmarthen, había un caballo de agua gris. Como sucede con tales criaturas, el caballo de la bahía de Carmarthen atrapa a sus presas al aparentar ser dócil y útil. Hay una historia de un hombre que lo logró enganchar a su carreta, sólo para que el equino los arrastrara a él y a su carreta hasta las profundidades del océano. El rio Honddu en Brecon también tiene su caballo acuático gris. Esta criatura encantadora solía tentar a los hombres a subir a su lomo y luego llevarlos en un galope desquiciado lanzándolos al aire o sobre algún terreno escabroso. La moraleja de la historia es que si tú ves un caballo que se ve dócil, o alguna otra clase de animal asi en Gales, trátalo con enorme precaución. En este raro país, puede ser cualquier cosa.

## 3

## FANTASMAS QUE NUNCA ESTUVIERON

Como los monstruos, los fantasmas son universales. Me arriesgaría a apostar que todos los países en el mundo tienen más de alguna historia de fantasmas, pero sólamente Gales parece poseer una plétora de historias sobre no-espectros, i.e., fantasmas, que resultaron ser personas disfrazadas. Estos eventos tan raros ocurrieron en el siglo XIX y ocuparon la atención del pueblo local por unos pocos días o semanas antes de difuminarse de los medios públicos, o de hallarse al culpable. Sin embargo, fueron importantes en el momento e, indudablemente, fueron raras, de forma que me siento justificado por incluirlas en este librito. Comenzaré este capítulo con mi propia introducción sobre los no-espectros de Gales.

Estaba yo sentado en el bar de los eruditos en Aberystwyth, cuidando mi litro de Brains y espulgando una pila de documentos fotocopiados e impresos que las buenas personas de la Biblioteca Nacional de Gales me habían provisto, cuando una mujer risueña tomó asiento a mi lado.

Ahora bien, yo no soy usualmente buen receptor de sonrisas por parte de mujeres extrañas, o hasta incluída mi esposa: abuso verbal y muchos, muchos consejos gratis, pero raramente sonrisas, de forma que respondí con una mueca como de cabeza muerta, que le debió haber espantado la vida al pobre cantinero, quien por casualidad estaba mirando.

"¿Qué estás haciendo?". La sonriente y franca mujer me preguntó, apuntando a los papeles que tenía regados por toda la mesa.

Le conté que estaba haciendo una investigación para un librito sobre sucesos extraños y creencias del pueblo de Gales. La dama sonrió de oreja a oreja, y me dijo que eso sería un trabajo fácil para mi.

"No necesitas libros para eso", me dijo, con sus ojos tan brillantes como la luna sobre Cadair Idris. "Este es Gales. Todos tienen una canción o una historia. Todo lo que debes hacer es preguntar a la gente."

Pude notar que la mujer tenía ganas de platicar, de manera que hice a un lado todos los papeles y le pregunté si ella tenía alguna historia que fuese un poquito distinta y no todo el mundo supiera.

"Tengo", dijo. "Me se algunas historias de fantasmas que nos contaba mi *Nain*"

"¿Tu *Nain*?", pregunté, viéndome tonto.

"Mi abuela", explicó la dama. "Deberías aprender algo de galés si quieres entender a Gales."

Estuve de acuerdo con ella. Debí haber aprendido algo de galés.

La dama se presentó como la Sra. Aelwen Prichard, y accedió felizmente a decirme su nombre, del que yo insistía. Más tarde yo mismo hice más de alguna investigación sobre lo que me dijo, y hallé algunas referencias a los hechos que me narró, aunque sin muchos de los detalles.

Probablemente sea por la influencia de las novelas góticas de *Frankenstein, Dracula* y las obras de Edgar Alan Poe las que inspiraron a la gente del siglo XIX en Gales a reportar un enorme número de avistamientos de fantasmas. Fue una época en la que aquéllos que se creían responsables y progresivos, buscaban destanciarse de lo que veían como superstición primitiva, y se mofaban de las antiguas creencias de sus ancestros. Sin embargo, las antiguas ideas subsistían más allá de la industrialización y el enchapado de la modernidad, y cualquier mención de fantasmas, causaba una reacción entre muchas personas.

Algunos de los espíritus que la gente presenció pueden haber sido reales. Otros, incluídos muchos sobre los cuales habló la Sra. Aelwen Pritchard, la mayoría, no lo era.

En octubre de 1887 el buen pueblo de Wrexham estaba alborotada. Había aparecido súbitamente un fantasma en el cementerio, aterrorizando a los de nervios delicados, persiguiendo mujeres y niños, haciendo que los perros ladraran como desquiciados y, generalmente, desbaratando la paz. A pesar de que había gente de naturaleza supersticiosa, que prefería evitar por completo el cementerio, otros estaban morbosamente fascinados, y todas las noches se juntaban multitudes para ver lo que se le ocurriría hacer esa noche al fantasma. En esos días previos a la televisión y la radio, los fantasmas eran una fuente de entretenimiento gratuito.

No había nada de espantoso en particular con respecto al espectro del cementerio; vistiendo los harapos blancos tradicionales, se deslizaba por entre las lápidas, con los brazos levantados, desvaneciéndose en la nada cuando fuera que las personas se le acercaran demasiado. Sin embargo, cuando comenzaron las quejas y las multitudes se tornaron molestas, la policía de Wrexham comenzó a pensar que las andanzas de ese fantasma se estaban convirtiendo en una molestia, y enviaron un par de agentes a resolver las cosas. Los alguaciles esperaron entre las sombras del cementerio, fumando las pipas, refunfuñando por la pérdida del tiempo y esperando a que sucediera algo.

Eventualmente, vieron algo de movimiento entre las lápidas. Algo se escurría por ahí. Mientras uno de los agentes quedó inmóvil, los otros apagaron su pipa y se pusieron a caminar alrededor del fantasma. El espectro vio a los policías que acechaban y se movió en la dirección opuesta, aún ondeando sus brazos fantasmagóricos en el aire y emitiendo sonidos espectrales. Tan pronto como el segundo alguacil se hizo presente, el fantasma dio un brinco y se escurrió. Cuando los otros dos agentes le cerraron el paso al espíritu aterrorizado, éste gritó, tropezó con una lápida y terminó de narices entre una tumba recién cavada.

Desenterrándolo, los policías lo resucitaron de la forma no-amable en cuerpo y alma, y le levantaron la acusación de alteración del orden público. La multa a Matthias Davies ascendió a dieciséis shillings, con la opción de catorce días en la cárcel.

La Sra. Aelwen Pritchard sonreía mientras me narraba esa historia. Me contó que, si recordaba bien las historias que le decía su madre, la policía hizo desfilar al Sr. Davies por todas las calles, vistiendo aún su sábana blanca para probarle a los habitantes que no había nada qué temer.

A fines del otoño de 1880 Llanelly, o Llanelli, en Monmouthshire, también tuvo sus rumores fantasmales. De nuevo, el fantasma estaba metido en un traje de sábana blanca o mortaja y, de nuevo, espantaba en el cementerio local. Las historias abundaban, diciendo que este fantasma era una pizca de vagabundo, tomándose vacaciones de sus usuales andanzas en el cementerio para salirse a espantar por las calles o por el parque Llanelly. Como es usual con tales manifestaciones, hubo una mezcolanza de respuestas, desde gente demasiado aterrorizada como para aventurarse cerca del cementerio, a aquellos que se reunían ahí sólo por curiosidad. La mayoría de la población, sin embargo, continuó con sus vidas, con o sin fantasma.

Sin embargo una noche, a principios de noviembre, el fantasma llegó demasiado lejos y llegó hasta la casa pública de Star. Eso fue demasiado para los galeses tolerantes. Un fantasma espantando era una cosa, pero uno interfiriendo en su hora de bebida, se le pasó la mano. Saliendo a toda prisa del bar, con su pinta en la mano, un valiente vio al fantasma, gritó y le dio persecución. El espíritu, al darse cuenta, se volteó y huyó con su mortaja blanca aleteando al viento y sus botas chillando en el pavimento.

El bebedor dejó su vaso en la repisa de una casa, y persiguió al espectro que huía, aún gritando. El fantasma corrió tan rápido como un fantasma puede con un atuendo como ese, pero el hombre probó ser más rápido. Lanzó sus brazos alrededor de la blanca figura y luchó con ella junto a la lámpara más cercana, en donde le deshilachó la mortaja. La joven mujer debajo le regaló una desmayada y ligeramente nerviosa sonrisa, y cayó otro falso fantasma.

La mayor parte de esa historia, dejando aparte los detalles de la pinta, lo pude confirmar en reportes periodísticos. La Sra Aelwen Pritchard añadió un par de detalles gráficos, diciendo que la muchacha intentó escapar flirteando con el hombre, quien le respondió arrastrándola a casa de sus padres y dejándola que se las arreglara con ellos.

Llangollen en Denbighshire, no lejos de la frontera inglesa, fue otro lugar con un fantasma menos-que-espiritual. En mayo de 1869, la calle de la iglesia en Llangollen estaba invadida por un espíritu.. En común con mucha gente en Gales, el espíritu era bilingüe, pues hablaba tanto galés como inglés, aunque sin aparecerse ni una vez. Aparentemente había escogido una de las casas para espantar y se movía entre el buzón del correo y el cañón de la chimenea, y de regreso. Como parecía común en tales situaciones, se regó el chisme por el pueblo, y se reunió una multitud de tamaño considerable en la calle para escuchar al supuesto fantasma, pero no todos estaban convencidos de que fuese genuino. Los escépticos eran los que estaban bien. Tras depurar la calle, hallaron una niña con un misterioso don por la ventriloquía. Esa fue toda la historia, y ni la Señora Pritchard pudo añadir detalles. Cuando pregunté a un par de locales de Llangollen, también fueron incapaces de añadirle algo a la historia, o qué le sucedió a la talentosa chica. De hecho, nadie había escuchado tal historia alguna vez.

Aunque parecía razonable llamar a la policía para que atrapara a los fantasmas en el Gales victoriano, en al menos otra ocasión, incluso el ejército tuvo que tomar parte. En marzo de 1901, el pueblo de Gales, junto con el resto del populacho británico, leía ávidamente los periódicos para informarse de las últimas noticias en la guerra en Sudáfrica. Nombres como Spion Kop, Mafeking y Magersfontein estaban en los labios de todos, mientras el ejército británico se familiarizaba con la geografía sudafricana. Varias unidades militares y voluntarias se alistaban para apoyar al ejército en sus operaciones en los vastos campos africanos, de forma que el entrenamiento se realizaba en casa.

Aberystwyth en Ceredigion, entonces conocido como Cardiganshire, no era la excepción. El movimiento voluntario había revivido tanto como hasta 1859, para enfrentar una amenaza percibida desde Francia y la humanidad de virtualmente cada comunidad en Gran Bretaña entusiasmada se amontonaba para vestir los uniformes. Para 1901 los Voluntarios, el Ejercito Territorial de esos días, estaba bien establecido en el escenario militar y social, con campamentos anuales, bailes y competencias de tiro. A principios de la primavera de ese año, el pueblo de Aberystwyth tenía otras cosas en la mente, pues escuchaban extrañas historias de sucesos en la montaña de Penglais, ahora con una carretera importante y el campus de una universidad. Durante el día la montaña era perfectamente normal, pero durante la noche las mujeres, en particular, eran aconsejadas de no ir cerca de Penglais. Había preguntas, por supuesto, de por qué una mujer respetable podría querer ir a callejear en una montaña a la mitad de la noche. Aquellas mujeres que osaban hacerlo, y se topaban con el fantasma, quedaban tan bloqueadas por el miedo, que no podían relatar lo que les había sucedido, aunque su propia apariencia desfigurada ya lo decía todo.

En este punto la señora Pritchard sacudió la cabeza remilgadamente y dijo que, en su opinión, les habían preguntado a todas ellas la razón por la que se habían aventurado a un lugar sabido inseguro. Ellas sonreían y decían que habían subido hasta allá sólo para ver qué estaba sucediendo.

Una de las damas más articuladas que regresó de la montaña habló de una criatura con manos duras, que la palmeó "en la rabadilla", y habría intentado más intimidad si ella no hubiese gritado y huído. También los hombres eran propensos a ser atacados, con un joven desafortunado tambaleándose colina abajo con sangre saliendo de sus narices y dos dientes flojos. Si era un fantasma, era un espectro muy sólido.

Ya era lo suficientemente malo el tener una guerra a miles de millas, para también andar con un rápido y pervertido fantasma en su propio jardín, por lo que los miembros de la clase de voluntarios de Aberystwyth, quienes iban a dirigirse en poco tiempo al frente, decidieron limpiar su patio trasero a su manera. En primer lugar, decidieron quién era el más pequeño y de apariencia más femenina de la clase, y le asignaron una tarea que no fue muy agradable que digamos: tuvo que pedir un favor a su hermana mayor. El joven no estuvo muy contento, pero estuvo de acuerdo por el bien de la población femenina de su ciudad.

A las nueve de la noche, el viernes 15 de marzo, la clase de voluntarios realizó un desfile afuera de las barracas, listos para la acción. El desafortunado voluntario, el pequeño muchacho, fue el objeto de todas las bromas pues estaba maquillado y llevaba puestas las ropas de su hermana encima del unifome caqui. La teoría era que el fantasma, o lo que sea que fuera, prefería atacar mujeres de forma que si uno de los voluntarios lucía vagamente femenino llamaría la atención del espectro. Cuando el espíritu fuera por la dama, los otros miembros de la clase lo rodearían y capturarían.

Según la Sra Prichard, los amigos del trasvestido lo habían incluso agarrado para rasurar su tan preciado bigote y le habían puesto una peluca rubia con pegamento.

Marchando desde las barracas, pasando el asilo, los de la clase de voluntarios se pararon a preparar sus posiciones. Los oficiales ordenaron que los hombres se desplegaran en cierto orden, con aleros andando a trancos por los campos a ambos lados del camino. Si el fantasma llegara a aparecer, todos los miembros de la clase estarían en posición para capturarlo. Sin embargo, a pesar de la tentación de la femenina soldado pavoneándose sensualmente por la calle, el fantasma de manos duras se rehusó a aparecerse. De hecho, tras las maniobras de esa noche, el fantasma nunca volvió a aparecerse, de forma que, tal vez, valió la pena la vergüenza por la que pasó el soldado travestido.

La Sra Prichard había estado reservando la mejor historia para el final. Arreglamos un segundo encuentro, y me estaba esperando en el mismo bar, aunque sin nada de beber hasta que yo llegué. Una vez más me quedé escuchando sus palabras de sabiduría y tomé nota de todo, para revisar los hechos en una próxima fecha. Los periódicos contemporáneos me confirmaron la veracidad de sus palabras, de manera que estoy listo para aceptar que la informante es genuina, o tan válidas sus historias como pueden ser las de ese tema.

Cuando el invierno de 1855 trajo aguanieve y lluvia a Gales, y los bares y hogares estaban llenos de pláticas sobre la guerra en curso con Rusia, ocurrían sucesos muy extraños cerca de Llansamlet, actualmente un suburbio de Swansea. Era un sábado por la noche en un día de noviembre, y Samuel y Mary Evans iban de camino por la orilla del canal Tennant, cuando escucharon un sonido inusual.

Ni Samuel ni Mary estaban seguros de qué era tal sonido; sólo supieron que era muy diferente de cualquier otro ruido que hubiesen escuchado anteriormente, y entonces, unos momentos después, se les apareció una *cosa*. En la oscuridad y la lluvia ninguno podría haberlo descrito en detalle, pero Mary pensó que era un Pony sin cabeza; agarró con fuerza el brazo de Samuel y ambos corrieron tan rápido como pudieron. Huyeron cuesta arriba, hacia la iglesia, sólo para ver algo igualmente extraño flotando contra el muro del cementerio de la iglesia.

"¡Corre!" empujó Samuel a Mary. Él iba cargando las compras de la semana, y sabía que la carga lo ralentizaría. "¡Corre tú, Mary, corre!"

"¡Estaré bien. Tu ve!", apuró de nuevo Samuel a Mary. "Despierta a los vecinos; ¡Diles que vengan a ver esta cosa!"

"¡Cuídate, Sam, por favor ten cuidado!" Levantándose

Mary su larga falda, corrió, tropezando en sus esfuerzos por huir de la cosa decapitada que infestaba el camino. A pesar de que Mary gritó pidiendo auxilio, nadie llegó; era bastante pasada la media noche, y todas las buenas personas estaban ya en cama. Mientras tanto, Samuel continuó caminando, nervioso, tal vez asustado, pero aún llevando las compras. Escuchó de nuevo el ruido extraño y decidió que no tenía opción. Le fallaron finalmente los nervios, por lo que colocó su cesta con las compras tras un arbusto, y corrió a toda prisa para encontrar a Mary en casa, temblando aún pero feliz de que ambos estuviesen a salvo.

Al día siguiente, con los nervios ya calmos y un grupo de vecinos para apoyarlo, regresó Samuel, sólo para ver que su cesto de abarrotes ya no estaba.

"El fantasma debió haber tenido mucha hambre", dijo alguien.

"Ya sea eso, o que un vagabundo encontró tus provisiones", añadió una mujer más cínica.

"¿Qué haremos para comer, Sam?" preguntó Mary, pero estaban en Gales, de forma que los vecinos hicieron una colecta y colaboraron con la pareja.

Tras unos días de paz con nervios, el fantasma regresó. El capitán Pringle, del bergantín *Mary's Promise* estaba cargando carbón cerca de Crown Works en Port Tennant, cuando se percató de que algo lo seguía. Más atento a ladrones potenciales que a fantasmas, volteó a ver por sobre su hombro, para divisar algo que percibió como un perro sin cabeza. Lógicamente alarmado, el capitán Pringle caminó más rápido a lo largo de la oscura calle. Se tocó dentro del bolsillo, deseando que hubiese traído algún tipo de arma consigo, mientras que el perro decapitado se transformaba en la vaga figura de un humano, antes de desaparecer súbitamente. Agradecido por haber podido escapar, el capitán

Pringle se apuró a contar a todos sobre su insólito encuentro.

Sin embargo, no estaba solo. Ni había transcurrido una hora, cuando esa *cosa* ya estaba de vuelta. Esta vez fue a la Sra. Peterson que caminaba a casa con un cesto de abarrotes por el mismo camino que el capitán había utilizado, cuando el perro sin cabeza saltó frente a ella. Gritando de horror, la Sra Peterson soltó la cesta y huyó. Cuando llegó a casa, le llevó como media hora calmarse, para luego reunir a sus amigos y apresurarse a ir por sus compras. Fue en balde, pues tanto el cesto como su contenido ya no estaban.

Para entonces ya los locales se habían dado cuenta de que esta *cosa,* fuera lo que fuera, no se iba a ir. La opinión estaba dividida entre quienes creían que era un fenómeno sobrenatural genuino, y los escépticos que dudaban de que algún fantasma pudiese robar cestos con abarrotes. Mientras que los locales más nerviosos salían aterrados de sus casas, los más robustos lo hacían enfadados por esta molestia. Eventualmente, una docena de fuertes trabajadores decidió esperar al supuesto fantasma y revisar si era etéreo o corpóreo. Hablando recio para envalentonarse entre si, organizaron una emboscada sobre la misma calle por el canal Tennant, esperando a que oscureciera, el primer viernes en la noche de diciembre.

Los muros del Crown Works lloraban lluvia alrededor de las once de la noche, cuando la deforme *cosa* apareció de nuevo. Todos unos junto a otros en apoyo mutuo, los trabajadores pensaban que la *cosa* había salido de las aguas del canal, y vieron cómo se deslizaba por el trecho de camino, muy cerca de donde los señores Evans la habían visto por primera vez.

Cuando la *cosa* se detuvo, el más valiente de los hombres que esperaban se despegó del grupo y caminó hacia ella, haciendo ruido con su bordón en el camino. Sin embargo, le falló el valor al casi llegar. La *cosa* se movió, aproximándose a él lenta y silenciosamente. El obrero respiró profundo y preguntó quién o qué era.

"¿Quién es Usted?"

La *cosa* no respondió. Era algo amorfo, sin cabeza y silente en el tétrico resplandor de la noche invernal. Si podía pensarse en algo, tal vez podría ser con un perro de la raza Newfoundland.

"¿Quién es Usted!" preguntó el obrero de nuevo. Cuando la *cosa* siguió sin responder, el obrero agregó. "Bien, si Usted no me responde, deberé tocarlo". Con la vara que llevaba, pinchó al fantasma lo más fuerte que pudo.

Obviamente sorprendido, el fantasma se apresuró a irse, lo que envalentonó a los demás hombres a perseguirlo. La *cosa* huyó al oeste, hacia el Swansea, sin hacer nada de ruido al correr, bajando la velocidad y acelerando de nuevo. En ese momento, los obreros ya llevaban caliente la persecución, ahora seguros de que no era nada sobrenatural lo que iban persiguiendo. La *cosa* pasó por el entronque de Red Jacket Pill y luego, cerca de la Casa Half Way, se desvaneció como si nunca hubiese existido.

Los persecutores se detuvieron y comenzaron a revisar por todos lados, jadeando por el cansancio. La súbita desaparición del fantasma hizo dudar de nuevo a algunos. ¿Y qué si es un fantasma de verdad? ¿Los espantaría por años? Los hombres se agruparon para discutir lo mejor por hacer, mientras una muchedumbre de mujeres se unió a ellos para darles los consejos femeninos necesarios, y valor.

"Creo que puedo escuchar algo", dijo la Sra Evans y, justamente, el fantasma volvió a aparecer unos segundos después. Esta vez los hombres estaban listos y lo agarraron antes de que pudiese escapar. En pocos segundos lo depojaron de su disfraz, para toparse con que era un humano, de hecho, un gitano ambulante que vivía en una tienda cerca del camino que pretendía embrujar.

Ahora bien, los pobres reportes que leí no me dieron descripción del hombre, aunque la Sra. Prichard me informó de que el tipo se encontraba a finales de los diecinueve o comienzos de los veinte, "un chico lo suficientemente guapo pero terriblemente sucio".

"¿Qué vamos a hacer con él?" Se preguntaron los hombres entre ellos.

Arrastrando al ya reluciente fantasma a la escena de sus fechorías, se pusieron a analizar si lo entregaban a la policía o si lo dejaban ir.

Nuevamente, la Sra. Prichard agregó algunos detalles, diciendo que las mujeres fueron las que decidieron que el chico era demasiado joven como para enviarlo a la cárcel y que ellas mismas le enseñarían a no regresar a las andanzas. La Sra. Evans remarcó que el fantasma quedaría muy bien con un baño.

Posiblemente por los consejos de las esposas, los hombres lo cargaron con su propio estilo de justicia. Tras atar al chico a una puerta, lo sumergieron en las heladas aguas del canal de Tennant, cinco veces, de forma que salió de allí empapado, medio congelado y casi ahogado. Algunos pensaron que el crudo castigo de agua había sido lo suficientemente duro, pero las damas no quedaron satisfechas, diciendo que el vagabundo las había aterrorizado y que requerían una justicia más apropiada. Mientras los hombres observaban, las mujeres desnudaron al fantasma, lo pusieron boca abajo sobre la verja y lo apalearon como se hace en las escuelas con los estudiantes mal portados. La Sra. Prichard tuvo un centelleo en los ojos al contarme que la Sra Evans había experimentado gran satisfacción cuando lo azotó con la vara, y que ¿quién podría culparla?. Después de todo, fueron sus abarrotes semanales los que el vagabundo había robado.

Y con este pequeño cuento de una venganza femenina dejamos el tema de los extraños supuestos fantasmas y enfrentamos lo insólito de algunos sucesos durante las guerras del siglo XVIII.

4

---

# JEMIMA LA GRANDE Y LA INVASIÓN FRANCESA

En 1797 Gran Bretaña quedó sola contra el poder de la
República de Francia. Habiendo derrotado a cada potencia
continental y con el general Napoleon Bonaparte trapeando
lo que quedaba de resistencia en Italia, Francia era la
potencia que gobernaba el mundo. Incluso el Papa se apresuró a pagar tributo a la fuerza destructiva francesa. La flota
combinada de Francia, España y los Países Bajos esperaba
aplastar a la Real Naviera y, para el mundo exterior,
Bretaña parecía estar condenada. Mientras tanto, los gobernantes que administraban Francia planificaban una devasta-
dora incursión a Bretaña, para mostrar a los isleños
imprudentes lo que les aguardaba. El gobierno imaginaba
que, al tocar tierra las fuerzas francesas, el populacho de
Gales e Inglaterra se levantaría para ayudar a derrocar las
clases altas opresivas.

El plan del General Hoche era un ataque de tres frentes
sobre Bretaña. Intentó llevar a unos 15,000 hombres a
Irlanda para echar leña a la insurrección que atormentaba

en ese momento esa infeliz isla, con otra fuerza tocando tierra en el norte de Inglaterra y una tercera golpeando Gales y el suroeste inglés. Y como sucedía a menudo con los asuntos británicos, el clima intervino al ayudar a que el connato de invasión de Irlanda y el norte de Inglaterra regresaran, pero la acometida contra Gales prosiguió.

Al vaciar las prisiones de algunas de las personas más desagradables que Francia había producido, el directorio había aumentado las fuerzas de invasión con una cuota de esclavos para galera, insensibilizados por el látigo y endurecidos por los trabajos forzados, hallaron una colorida flotilla de navíos y les ordenó atracar en el canal de Bristol. Las órdenes de los invasores eran tomar Bristol y crear destrucción al volar almacenes e incendiando muelles, derrumbando puentes y fábricas y cualquier cosa que fuese útil. Con Inglaterra occidental aterrorizada, los invasores estaban a punto de embarcarse en sus naves e invadir Gales, marchar a todo lo largo de ese país y amenazar Liverpool y Chester sobre la costa occidental de Inglaterra. En vez de una invasión a toda potencia, el directorio intentó una incursión que sólamente regara terror, con la creencia de que al tener saqueados sus hogares, envalentonarían a los campesinos oprimidos a alzarse, como los franceses habían hecho una década antes. Los políticos tienen las ideas más extrañas sobre la gente común.

El 16 de febrero de 1797, los cuatro barcos franceses zarparon hacia Gales; dos fragatas, una corbeta y una embarcación de tres palos. A bordo llevaban a 1,400 hombres. Seiscientos eran franceses normales, y el resto eran de *La Legion Noire*, la Legión Negra, llamada así por el color obscuro de sus uniformes, que eran uniformes británicos capturados y entintados de negro o de marrón obscuro. Oficialmente, ellos eran *Seconde Légion*, pero el nombre "Legión Negra" sonaba más colorido y romántico. El Directorio asignó al coronel William Tate a cargo de la incursión. Con la dispersión de los oficiales irlandeses sin ningún amor por los británicos, a los hombres de la Legion Negra se les prometió indulto total por sus crímenes. Era alentado el saqueo y el asesinato. Los ejércitos franceses en el continente vivían del botín, de forma que las cosas se miraban negras para las buenas personas de Gales e Inglaterra occidental.

Pero hubo una cosa que el Directorio francés no había considerado: las mujeres de Gales.

El coronel Tate era un irlandés americano que, según se informaba, era nacido en Wexford aunque parecía haber vivido en Carolina del Sur. Su edad, se decía que era entre 44 y 70 pero es más probable que hubiese sido más cercana a la primera que a la última. También se decía que había luchado contra los británicos durante la Revolución Americana cuando los nativos americanos pro-ingleses habían asesinado a sus padres. Qué tanto de ésto era verdad, y qué tanto era imaginación, es difícil de juzgar. Lo que es seguro es que era de estirpe irlandesa y que había vivido un tiempo en los Estados Unidos.

Las fuerzas francesas de invasión navegaron hasta el canal de Bristol el 17 de febrero de 1797. Tait lanzó el primer golpe por la revolución de Francia al destruir una desafortunada granja cerca de Ilfracombe. El humo de la casa en llamas ascendió por el frío Canal de Bristol como una advertencia lejana a Londres; *ya vienen los franceses.* Ya sea que los británicos hubiesen visto los navíos extranjeros, o que las noticias habrían viajado rápido, pero los Voluntarios de North Devon, soldados a medio tiempo con un entrenamiento mínimo, tomaron sus mosquetes Brown Bess y se dirigieron a toda prisa hacia los invasores. Al primer avistamiento de los casacas rojas, los de la Legión Negra huyeron hacia sus barcos y se dirigieron a Gales. Posiblemente las condiciones del viento fueron las que impidieron un desembarco cerca de Bristol, o puede ser que los hombres de Tait no deseaban tanto luchar.

El 22 de febrero, por la noche, los franceses desembarcaron en Carregwastad Head cerca de Fishguard, la última invasión registrada en suelo británico. Remando a tierra, los invasores perdieron algo de artillería y munición cuando un barco abierto volcó en los mares picados; el resto, continuó. Y en vez de formarse como un ejército disciplinado, algunos de los hombres de la Legión Negra de una vez se diseminaron para robar a los granjeros locales, y en las cabañas. Si la idea era ganarse los corazones y mentes para desatar una revolución, los hombres deTait lo demostraban de una forma muy extraña.

El teniente St Leger y una compañía de granaderos ocuparon la granja de Trehowel sobre la península de Llanwnda, con Tate moviéndose tras ellos muy de cerca. Algunos de los de la Legión Negra ayudaron a la causa francesa al vandalizar la iglesia de Llanwnda, lo que irritó enormemente a los devotos galeses. Sin embargo, los 600 franceses regulares mantuvieron su disciplina y formaron una fuerza formidable. Los otros, los de la Legión Negra, ya sea que desertaran, desobedecieran las órdenes, se emborracharan, o las tres juntas. Lógicamente los civiles locales de Gales resintieron el ver a esos payasos borrachos causando destrucción en su país, y tomaron represalias, con bajas en ambos lados. Mientras tanto, las galesas se excitaban en furia. Alcanzando sus casacas rojas y sus altos sombreros negros, preparaban su propios contra-ataques.

El terrateniente local, John Campbell, Lord Cawdor, sin duda complacido de mostrar su brío militar, animó a todos los oficiales de la defensa local, la Milicia Cardigan, la Castle Martin Yeomanry y los 300 fuertes voluntarios de la Fishguard y de Newport. Sólamente los miembros de la Milicia eran soldados de tiempo completo, y todas las unidades habían sido creadas púramente para defensa nacional. Con alrededor de 500 hombres, las fuerzas combinadas de Cawdor eran mucho menores en número que las francesas, pero aún así, los casacas rojas galeses avancaron para defender su patria. El capitán Longcroft de la Marina Real también hizo lo suyo, reuniendo a las pandillas locales y dos cúters; el castillo armado Haverfordwest de Longford con media docena de cañones y alistados tres más para enviar a los hombres de Cawdor.

En el entretiempo, Tate avanzaba muy lentamente por la campiña galesa y a la mañana del 23 de febrero estacionó a sus tropas en los montículos de Carngelli y Garnwnda. Tate no estaba dotado de habilidades militares pues esta detención les proporcionó a ambos una excelente posición defensiva y una espléndida vista de la tierra verde que esperaba subyugar. Mientras algunos de los locales huyeron del área, muchos tomaron cualquier arma que pudiesen y se apresuraron a Fishguard para reforzar a los voluntarios. Y una mujer llamada Jemima Nicholas sintió que su furia aumentaba.

Cawdor y sus ahora 600 marcharon hacia los franceses, que esperaban en emboscada, infantes veteranos profesionales con los dedos callosos ya enraizados en los gatillos de sus mosquetes. Al caer la noche, Cawdor decidió que estaba demasiado obscuro para avanzar e hicieron alto hasta que despuntó la mañana, cuando ya podían ver con mayor claridad. Al comenzar a maniobrar los dos ejércitos, los navíos franceses se fueron navegando, dejando solos a Tate y su gente, con una fuerza británica de poder desconocido presionándolos. Abandonados en una tierra extraña y con el esperado apoyo local sin venir, los oficiales irlandeses y franceses aconsejaron rendirse. Cabalgó un grupo a los cuarteles generales de Cawdor en la taberna de Royal Oak y ofreció una rendición condicional. Cawdor dijo que sólamente aceptaba una rendición incondicional, o atacaría. En la mañana del 24 de febrero, Cawdor avanzó hacia las Goodwick Sands contra las fuerzas francesas que aún los sobrepasaban en número. Por la tarde, Tate se rindió.

O esa es la historia oficial.

Ahora bien, Usted talvez estará pensando que todo está bien y un breve vistazo a la historia militar, pero ¿cuál es el lugar que ésto ocupa en un libro sobre la extraña Gales? Bien. Hay otra versión de los eventos, más extraña, tras el desembarco de los franceses en Gales. Está la historia de Jemima Nicholas de 47 años de edad, o "Jemima Fawr", "Jemima la Grande", una zapatera local que tomó un pieltro y se fue a buscar a los invasores. Según el folclore, ella vio un puñado de cerca de una docena de invasores, capturó el lote, los llevó a punta de tridente a la iglesia de Santa María y los encerró dentro. La Sra Prichard agregó detalles algo pintorescos y probablemente apócrifos, como que Jemima bebía de la botella de uno de los franceses mientras los llevaba pinchándolos con la afilada punta del tridente vistiendo pantaletas apretadas y cantando una canción galesa para pedir ayuda.

¿Eso suena un poco descabellado? Samuel Fenton, el vicario de la iglesia de Santa María, no parece haber pensado así cuando comentó en 1832:

*Esta dama fue llamada Jemima Fawr o Jemima la Grande por sus actos heroicos, habiendo marchado contra los franceses, quienes desembarcaron aquí alrdededor de 1797 y habiendo hecho uso de tales poderes personales como para vencer a muchos hombres en una lucha. La recuerdo bien. Continuó con el oficio de la zapatería y me hizo, cuando era un niño pequeño, varios pares de zapatos.*

La imagen de una mujer de mediana edad llevando a un puñado de saqueadores frente a su tridente es como para deleitar el corazón. Sin embargo, también hay un cuento que afirma que los hombres de Tate vieron un grupo de mujeres galesas en sus tradicionales casacas rojas y sus altos sombreros negros. Ya fuera porque la Legión Negra estaba aturdida por la bebida, o porque eran soldados de la peor calidad imaginable, creyeron que las damas galesas eran refuerzos británicos. Según la tradición local, la que es un poco más precisa que documentos oficiales que ensalzan a figuras de importancia e ignoran a la "gente pequeña", Jemima Fawr dirigió a estas mujeres en torno a la colina de Bigney, apareciendo y desapareciendo frente a los ojos de los invasores. La Legión Negra y los regulares franceses vieron estas figuras cubiertas de rojo a la distancia y, los rudos invasores, e inmediatamente se rindieron.

Otro pedazo de extrañeza rodea el documento de rendición. Según la leyenda, este pedazo de papel menciona a "varios miles" de tropas británicas, las que, simplemente, no existen, pero esas palabras tienden a dirigirnos a creer en la historia sobre las mujeres.

Sin embargo, esta pequeña escaramuza si tuvo algunas otras extrañas repercusiones. Para comenzar, ocasionó un asedio al Banco de Inglaterra, con usuarios demandando que el banco entregara oro a cambio de billetes. Ese mismo mes el parlamento aprobó el Acta de Restricción Bancaria, con el objeto de detener tales transacciones. El encuentro también habilitó al Pembroke Yeomanry, actualmente el Escuadrón 224 (Pembroke Yeomanry), Tropas Reales Logísticas, a lucir al *Fishguard*, por honor en batalla, haciendo a la tripulación la única unidad del Ejército Británico en vanagloriarse de honor en una batalla en la tierra firme del Reino Unido. Se ubica extrañamente junto a los honores en batalla obtenidos por otros regimientos galeses, incluidos Minden, Alma, Lucknow, Kohima, Malplaquet, Waterloo, Somme y Arras, pero si el Fishguard no hubiese vencido, ¿quién sabe qué horrores hubiera desatado la Legión Negra?

La invasión no ha sido olvidada en Gales puesto que, a los 200 años del incidente, 78 voluntarios crearon un tapiz de 100 pies de largo llamado Última Invasión. Jemima Nicholas o Niclas (1755 – 1832) tiene una lápida conmemorativa en la Iglesia de Santa María en Fishguard, develada en 1897. La historia de que lideró una columna de mujeres de ida y vuelta en torno a la Montaña de Bigney, se dice que es apócrifa. Personalmente, me gustaría creer que una mujer galesa de 47 años reunió a sus amigas, se aseguró que vistieran sus casacas rojas y sombreros negros altos, y marchó con ellas, como el Duque de York, cuesta arriba y cuesta abajo de nuevo, para engañar a la Legión Negra de Tait. Sería una excelente historia insólita. Y también encajaría completamente en los hechos del documento de rendición.

*¡Jemima am byth!* ¡Jemima por siempre!

## 5

## EL PUENTE DEL DIABLO

En la actualidad es bastante difícil que Usted se vaya a topar con el diablo en su visita a Gales. Podría ver un juego de rugby, una manada de ovejas o los repletos centros comerciales en los centros de Cardiff y Swansea, pero no al diablo. Ya sea que no ande rondando más por Gales puesto que está demasiado ocupado con sus amigos en Westminster, o que está avergonzado de lo que sucedió la última vez que se aventuró a entrar a tierras de Gales.

Fue a principios del siglo XI, hace alrededor de mil años, cuando el diablo llegó a Gales. Según una historia, andaba vagando por el país, acicalándose la cola y deseando que la lluvia cesara, cuando se cruzó con una anciana que estaba llorando reciamente en la orilla del rio Mynach en Ceredigion.

Estando de un buen humor endiablado, Su majestad satánica le preguntó a la dama qué era lo que le sucedía. Ella le contó que su vaca estaba al otro lado del río y no podía cruzarlo para irla a recuperar. Ella señaló hacia su vaca, pastando en la orilla opuesta del Mynach, para lo cual había que atravesar una profunda grieta con una serie de cinco cascadas rugientes.

Presintiendo que iba a ganar un alma fresca para su tormento, el diablo propuso un trato. "Te diré qué", dijo, o el equivalente del siglo XI, "todo lo que necesitas es un puente."

"Eso es", dijo la anciana, sin dudar de que este extranjero sólo establecía lo obvio.

"Te puedo construir uno", dijo el diablo, "pero, a cambio, deberás estar de acuerdo en hacerme un favor."

La anciana, con un ojo en su vaca errante y el otro en el rugiente torrente al fondo del abismo, preguntó que cuál podría ser ese favor.

"Es muy sencillo", dijo el diablo, suavemente. "Te construiré un puente si estás de acuerdo en que me lleve el alma de la primera criatura viviente que lo cruce."

La vieja se tomó difícilmente un tiempo para considerar su respuesta. "Muy bien", dijo. Para ahora ya estaba teniendo una pista de quién podría ser este extraño. Después de todo, ¿cuántos viajeros pueden construir un puente de la noche a la mañana?

A la siguiente mañana la mujer regresó a la orilla del río, llevando consigo a su viejo perro, un puñado de galletas y una hogaza de pan para su desayuno. Como el diablo lo había prometido, un bello puente cruzaba el torrencial rio, hecho de piedra, y capaz de sobrevivir a la tormenta más tormentosa de invierno. En el lado opuesto del rio, la vaca de la mujer seguía pastando muy contenta. Es muy raro que nadie hasta ahora se haya preguntado cómo cruzó el rio la vaca, en primer lugar. Probablemente las hadas se la llevaron volando.

El diablo estaba esperando, sonriente ante la promesa

de tener otra alma para llevarse con él al infierno. "He cumplido mi parte del trato", dijo el diablo. "Yo sé que cumplirás la tuya ahora."

"Lo haré", dijo la anciana. Tomando la hogaza de pan bajo el brazo, le dio un mordisco y lanzó sus galletas al otro lado del puente. Su viejo perro inmediatamente corrió detrás de ellas, convirtiéndose en la primera criatura viviente en cruzar el puente.

El diablo estaba sorprendido, y frustrado. Él no quería al viejo y roñoso can; el quería un jugoso humano para torturar, y había fallado en capturar a ésta. Furioso, se fue de Gales y, de acuerdo con algunos reportes, está tan avergonzado de haber sido engañado por una anciana, que nunca regresó.

Y asi fue como fue construido el puente del diablo. Aún está de pie, a unas pocas millas tierra adentro de Aberystwyth, cruzando una pintoresca quebrada en las montañas. Para verlo, particularmente en un rico tiempo de otoño, uno puede llegar a comprender el por qué la gente en verdad cree que fue el diablo quien lo construyó.

Lógicamente, ha experimentado algunos cambios a lo largo de los últimos mil años, y han sido construidos dos puentes nuevos encima del original. Sin embargo, es fácil reconocerlo: es el de hasta abajo, el puente del diablo, que llama la atención de los visitantes. Hay otra leyenda que establece que es peligroso cruzar el puente durante las horas de obscuridad, pues el diablo podría seguir con ganas e intentar empujarlo a uno para quedar "tablas" con la anciana que lo engañó. Entonces, Usted no podrá decir que Strange Jack no se lo advirtió. Si Usted se aventura ahí, y escucha un sonido como de martilleo de debajo del puente, no se preocupe mucho, pues es un fantasma inofensivo. La pobre cosita vivía o existía (¿los fantasmas "viven"?) en una casa cercana, y un sacerdote la exorzisó, enviándola a una cueva bajo el puente.

Como algo lamentable para la leyenda, el nombre galés del puente es Pontafynach, que literalmente significa "puente sobre el río Mynach". Incluso más aburrido, el diablo no estuvo involucrado en su construcción. Exactamente lo opuesto, ya que el crédito lo tienen los monjes de la abadía cercana de Strata Florida. Estos bondadosos hombres seguramente no están complacidos al escuchar que la gente glorifica al diablo por la obra que ellos hicieron.

Aunque el diablo aprendió a la fuerza que debía de olvidarse de Gales, no fue olvidado. En la Cocina del Diablo en Snowdonia hay bellos trayectos de escalada, y hay varios Salem que se pueden visitar.

Aja, ya lo escuché decir. Jack, Usted es un hombre raro, aquí sí que se equivocó. Salem está en Massachusetts en los Estados Unidos. Las brujas seguramente realizaron un conjuro o lo transportaron en sus perros y se lo llevaron a Gales. Bien, de hecho, si que hay un Salem en Gales, y claro que merece ser considerado como un sitio extraño.

Hay tres Capel Salems en Gales, con *Capel* que significa Capilla. La que nos interesa fue representada en una pintura realizada en 1908, que se convirtió en una de las imágenes más conocidas de Gran Bretaña. El artista fue un inglés llamado Sidney Curnow Vesper, pero acudió bien a su sentido común, pues se casó con una mujer de Gales, Constance James de Merthyr Tydfil. La pintura de Vesper de la Capel Salem adquirió fama cuando Lord Leverhulme, el propietario de Lever Brothers, los últimos fabricantes victorianos de jabón, lo usaron como artículo de comercio. Cuando un cliente compró siete libras de jabón, el o ella podía pedir la copia gratis del cuadro de Salem, como parte de una oferta que muestra el interior de la capilla.

Casi puedo oír a mis lectores boqueando por la sorpresa, y preguntándose qué tiene que ver el diablo con ese asunto. Bien, déjenme explicar. La pintura muestra el concurrido interior de la Capel Salem, en Pentre Gwynfryn en Gwynedd, con una figura central que lleva un chal. Algunos admiradores de arte creen que ese cuadro es una muestra de la religión y traje tradicional de Gales. Otros tienen ideas más diversas sobre la imagen.

Por ejemplo, la figura central, femenina, se ve caminando por el pasillo pero el reloj pintado en la pared muestra las diez en punto; la dama, Sian Owen, está tarde para la misa. Lleva también un chal más colorido que las otras mujeres en la congregación, lo que sugiere que realza el pecado de la vanidad. Si la gente mira con detalle, pueden notar una imagen del diablo en el chal. Imagínese, tendrán que voltear la cabeza hacia un lado o inclinarse un montón y torcer los ojos. No lo pude ver, hasta que mi por siempre amada esposa me señaló las características resaltantes, acompañándolo con una amable recomendación de que me debo comprar un nuevo par de lentes.

Si alguien desea ver esta diabólica e inteligentemente representada pintura, el original está en la galería de arte Lady Lever en Port Sunlight. Es posible que el diablo haya tenido que ocultarse entre los pliegues del chal, ya que se siente demasiado avergonzado de ser visto cerca de su puente.

## 6

## EL DESCUBRIMIENTO GALÉS DE AMÉRICA

Es extraño el hecho de que la historia nos presente tantas personas que reclamen haber descubierto el continente americano. El italiano conocido como Cristóbal Colón es a quien se le otorga más a menudo el honor, puesto que su viaje fue el que más publicidad tuvo, aunque también están los asentamientos vikingos que datan de varios siglos antes de Colón, que han sido develados en el este de Canadá. Un noble escocés llamado Sinclair también ha sido nombrado a menudo como alguien que logró cruzar el charco en el siglo XIV, y los monjes celtas de Iona también pudieron haberse aventurado hasta tan lejos en sus "curraghs" de cuero. Muchos milenios antes, por supuesto, los Indígenas Americanos, fueron los descubridores reales, ya sea cruzando desde Siberia o llegando por via marítima desde el oeste.

Sin embargo, existe la persistente leyenda del Príncipe Madog ab Owain Gwynedd, quien también logró realizar tal viaje durante el siglo XII. En ese entonces, muchos ojos europeos estaban viendo hacia el este, hacia Outremer,en donde los cruzados combatían el Islam para controlar Tierra Santa. Gales tenía sus propios problemas, con los anglo-normandos presionando continuamente, y la carencia de unidad entre los príncipes galeses. Con tanto sucediendo y tantos peligros de todos lados, no es de extrañarse de que el pensamiento de cruzar el océano occidental no hubiese sido algo prioritario en la mente de nadie. Excepto, tal vez, en la mente del príncipe Madog, o Madoc.

La historia inicia con el padre de Madoc. Owain Gwynedd, rey de Gwynedd, fue un hombre muy importante en sus días, quien discutió dura y largamente con su poderoso vecino, Enrique II, rey de Inglaterra. Owain también fue muy prolífico, produciendo diecinueve hijos, con seis de sus vástagos dentro delmatrimonio y trece fuera. El más conocido fue Madog, más comunmnente conocido como Madoc. Este príncipe de Gwynedd aparentemente nació fuera de la cama marital en el castillo de Dolwyddelan, no lejos del pueblo turístico actual de Betws-y-Coed, en Gales del Norte. Según la leyenda, Madoc fue un poco un príncipe raro y, más que las usuales costumbres de cazar, corretear mujeres y luchar, prefería pasar su tiempo con personas ordinarias del campo. En especial se hacía amigo de pescadores. Pasaba muchas horas en el mar, aprendiendo los misterios de las corrientes oceánicas, los nudos marineros, y la cultura del océano.

En 1170 murió el rey Owain, y sus hijos comenzaron a disputarse la sucesión. Los rivales más importantes fueron Dafydd y Hywel, los mayores de los muchos hijos de Owain. Tales divisiones eran típicas en esta Edad Media, y frecuentemente llevaban a guerras civiles inútiles y sangrientas. Dos de los hermanos, Madoc y Rhirid, se mantuvieron al margen de esta fea guerra, y decidieron zarpar hacia alta mar, y dejar el pleito a sus hermanos. La idea pudo haber sido de Madoc, ya que él era quien tenía el conocimiento náutico.

Los hermanos zarparon desde la desembocadura del rio Ganol y se dirigieron al oeste en dos embarcaciones llamadas *Gorm Gwynant* (o probablemente *Gwennan Gorm*) y *Pedr Sant*.

En el siglo XII, ¿cómo lucían los barcos? Si estaban inspirados en la barcaza vikinga, serían construidos muy sólidos, de un sólo mástil, en muy buen estado para navegar, y rápidos. No sabemos nada sobre el viaje legendario, excepto que tuvo éxito. Según la leyenda, Madoc cruzó el Atlántico y desembarcó en lo que es ahora Alabama, en Norteamérica. Evidentemente le gustó lo que halló, pues regresó por refuerzos y volvió a navegar a través del charco. Nunca fue visto otra vez. Eso es todo con respecto a la leyenda del navegante; ¿será verdad? ¿O es totalmente falsa?

Bien, existe una continuación de tal leyenda, en la que los galeses entablaron relaciones amistosas con una tribu norteamericana, se casaron entre ellos y se establecieron allí; de esta forma, las historias de una tribu de indígenas americanos que hablaban el idioma vikingo, circuló por muchas décadas, ¿Qué tan cierto será?

Los galeses eran excelentes marinos, de eso no hay duda. Si acostumbraban usar embarcaciones estilo vikingo, indudablemente tenían la capacidad de cruzar el Atlántico. ¿Habrán podido tener amistad con la población indígena? ¿Por qué no? Unos pocos cientos de años después muchos escoceses, principalmente de las tierras altas, se integraron con los nativos americanos; sus culturas y tradiciones no eran tan distintas. En el siglo XII, los galeses eran guerreros con orientación al cuidado de la familia, asi como también lo eran las tribus americanas, de forma que ambos lados podrían comprender la cultura del otro.

La leyenda de Madoc perduró por siglos, indudablemente ayudó cuando los propagandistas de la Inglaterra isabelana utilizaron para socavar la demanda española de haber descubierto Norteamérica antes que cualquier otro país europeo. Si los galeses, habiendo llegado de un país más tarde gobernado por la Reina Isabel, habían establecido una colonia en las Américas siglos antes de Colón, entonces era lógico que la demanda española era totalmente falsa.

¿Había alguna prueba del descubrimiento galés? Tal vez. Según una versión de la leyenda, Madoc zarpó desde Afon Ganol en la bahía de Penrhyn. Puesto que las embarcaciones medievales eran de poco calado, podían zarpar desde una playa, o incluso un rio. Sin embargo, un barco lo suficientemente grande como para llevar colonos y sus insumos, y comida, a lo largo de miles de miles de millas a través del Atlántico, debía ser mucho mayor que el promedio, de forma que debió haber necesitado una especie de puerto para ser embarcado. En la década de los 1950s, los restos de un muelle de la Edad Media fueron descubiertos cerca de Rhos del mar. ¿Será desde aquí que zarpó Medoc de Gales?

Cuando los posteriores colonizadores europeos ingresaron más adentro en el continente americano, encontraron varias tribus indígenas cuyo idioma pudo haber evolucionado del galés medieval. Una de esas era el pueblo Mandan – ¿Mandan, Madoc? Tal vez. Los Mandanes también usaban embarcaciones similares a las galesas de cuero, cubiertas, además de otras similitudes. En la leyenda, Madoc desembarcó en la Bahía Mobile en Alabama y navegó con sus barcos por el rio Alabama. Si los barcos eran de estilo vikingo, fuertes y de bajo calado, tal penetración tierra adentro pudo haber sido totalmente posible. Las embarcaciones vikingas a menudo navegaban rio arriba. Para profundizar en la leyenda, Alabama posee algunos edificios en piedra que los Cherokees del siglo XVIII se atribuyen, y que fueron construidas por gente blanca, llamados galeses.

Tristemente, estas historias son sólo historias, y no parece que exista una conexión genuina entre el Príncipe Madoc y la tribu Mandan o cualquier otro pueblo nativo americano. Sin embargo, por un tiempo, el pueblo de la Bahía Mobile en Alabama creía en la leyenda y erigió una placa que reza:

*En memoria del Príncipe Madoc, un explorador galés que desembarcó en las costas de la Bahía de Mobile en 1170 y nos dejó, con los Indios, el idioma Galés.*

Aparentemente esta placa ya no está. ¿Por qué estará tan incrédula la gente sobre el hecho de un príncipe galés cruzando el Atlántico? Después de todo, los galeses y las galesas de hace seis siglos navegaron para fundar una colonia en Bretaña y, durante el siglo XIX, mujeres de Gales, y hombres, navegaron hasta la Patagonia. Personalmente puedo ver la lógica en hombres y mujeres escapando de una guerra fratricida al navegar hacia una nueva tierra. Strange Jack cree en Madoc.

## 7

## ESTA ES LA ALDEA MÁS RARA DEL MUNDO

Fue mi esposa quien quiso visitar Portmeirion, de forma que le echo la culpa de todo. La culpo por el largo viaje en auto desde Escocia del Norte a Gales del Norte, por las colas en los parqueos, mis pies mojados por la curiosidad ante la suave arena en la playa, y por el piquete de avispa en una parte extrañamente inaccesible en mi anatomía. La debo perdonar, supongo porque, a cambio, me fue presentada una de las aldeas más deliciosas y únicas que jamás he conocido, y un sitio al que he regresado en más de una ocasión desde ese entonces.

Para personas de mi generación, esta aldeíta en el noroeste de Gales es sinónimo de una cosa: la larga serie televisiva de diecisiete episodios: *El Prisionero*. Esa serie fue icónica, inquietante e, indudablemente, extraña. Fue una reflexión de todo lo que la sociedad fue y pudo ser, con el ejemplo de un hombre que rehusó perder su individualidad ante las demandas de un estado sin rostro.

Esta historia se basó en la aldea de Portmeirion. Es

difícil describir Portmeirion; incluso si uno ve fotos y videos de la aldea, se nota que es única. Situada entre las montañas y el mar, Portmeirion tiene una playa de una arena suave y hundible, un bote de concreto atracado por un río de marea y arquitectura que quedaría mejor en la región de Toscana, y no en la costa occidental de Gales. Es una aldea como ninguna otra en otro lugar de Gran Bretaña y, posiblemente, en ningún otro lugar del mundo. Es la única aldea en la que he tenido que pagar para entrar, y un sitio que le debe su existencia a los sueños de un sólo hombre.

Pintada en una variedad de colores pastel, la arquitectura de Portmeirion no tiene un estilo en específico, patrón o sistema, pero aún así, de alguna manera, el arreglo de los extraños edificios crea una armonía que complace la vista. Hay domos, y una rotonda, una torre italiana y un quiosco de música, áreas de césped y flores y montones de visitantes. Es un lugar seductor con su propia atmósfera, que no es para nada consistente con la siniestra aldea de la serie televisiva de Patrick McGoohan. Habiendo dicho eso, no queda duda de la excentricidad de Portmeirion; en su propia manera, es el sitio más extraño en Gales, incluso en atractivo, y podría rivalizar con Snowdon.

Emplazado en un país tan antiguo, Portmeirion es sorprendentemente moderno. Lo comenzó a construir Clough Williams-Ellis en 1925, y lo finalizó hasta 1976. Williams-Ellis levantó esta aldea trozo a trozo, y en muchos casos utilizando material reciclado de varios otros sitios distintos. Es una aldea que bombardea los sentidos con estilos y colores, atmósfera y sabor. Es una mezcolanza de delicia, un tributo a la habilidad de Williams-Ellis y un lugar que debe ser saboreado. Hay mucho que aceptar ver para una sola visita.

Por ejemplo, el propio ayuntamiento es algo que valdría

la pena ver en cualquier centro urbano del país. El estuco interior es una obra maestra jacobeana, que muestra las doce faenas de Hércules. Cuando el estuco estuvo en subasta en 1933, nadie lo quiso, pues sería destruido de ser vendido. Williams- Ellis pujó con £13 y levantó todo el conjunto, llevándolo entero a Portmeirion, en donde quedó perfecto. Es invaluable. Toda la aldea es así, un sitio de recovecos y rendijas, portales en arco y espléndidas vistas, majestuosos árboles y curiosos grupos de escalones que llevan a más descubrimientos. Una visita aquí es todo un viaje a las fantasías arquitectónicas de un genio excéntrico. Mi esposa y yo tuvimos suerte porque nuestra primera visita coincidió con un brillante y soleado día que llenaba los jardines y espacios abiertos con familias, risas de niños y sonrisas. Nunca he visitado Portmeirion en un día gris; ¿tal vez la magia de la aldea incluso se extiende al clima? Sólo eso sería muy raro para un sitio que bordea con el Mar de Irlanda.

El legado de *El Prisionero* vive aquí; con una tienda de regalos y una representación de tamaño natural en blanco y negro de Patrick McGoohan, con autos abiertos tales como los utilizados en la serie televisiva, y toda una hueste de visitantes. Portmeirion es un sitio para que lo visiten familias y para que los adultos se maravillen, o sonrían los pequeños templos ocultos y los altos cielos de Gales. Hay un trenecito que lleva a los turistas de viaje, y coloridos estanques que reflejan las nubes de arriba. Místico, mágico, maravilloso e inolvidable: sólo puede estar en Gales.

Incluso mucho antes de que Clough Williams-Ellis trajera su influencia, Portmeirion ya era conocido por su rareza. Una dama de nombre Adelaide Emma Jane Haigh vivía en lo que es ahora el Hotel Portmeirion y creía que todo lo que vive merece la vida, incluso las malas hierbas. Los jardineros entre nosotros podrían temblar por la idea de los suelos de Portmeirion con enormes y prósperas malezas y un follaje fuera de control. La Srta. Haigh también era una devota cristiana. Todos los días leía su Biblia a los quince perros que vivían en la habitación de los espejos en su casa. Siendo los perros criaturas dotadas de gran atención, me los imagino todos juntos, bien formados, meneando lentamente sus colas y las cabezas apoyadas en el piso, para escuchar cada detalle.

A pesar de que la Srta. Haigh ya se fue hace tiempo, aún puede ser visto el cementerio que hizo para sus perros. No fue la única excéntrica que vivió en esta área, puesto que Sir William Fothergill-Cook fue su contraparte en varias formas. En vez de permitir que las plantas crecieran libremente, creía en un control profundo de cualquier follaje, y demolió el castillo Deudraeth del siglo XII, sólamente para que la gentuza pisara sus preciadas plantas. Historiadores, tiemblen. Gerald de Gales mencionó este castillo nativo; el actual edificio es muy raro a su manera, pero un mero niño en comparación.

Finalmente, mencionaré tres personalidades más, que en sus tiempos llamaron hogar a Portmeirion. Sin un orden en particular, está Thomas Edwards; un ex-soldado que fue colgado en 1892 por asesinar a una mujer que, pensó él, era una prostituta. Aparentemente habría intentado ir a Newport a matar más prostitutas, pero no se lo pudo costear, de modo que actuó como policía en vez de ello. También existió el rimbombacho Noel Coward que escribió *Blithe Spirit* (*espíritu alegre*) mientras estuvo aquí y finalmente como un caballero con el nombre casi dickensiano de Uriah Lovell. Fue un gitano de antaño, de la clase de los nómadas y, al fallecer, su cuerpo fue colocado en su carreta, y todo el conjunto incinerado. Y con ese funeral cercano a uno vikingo, debo dar a Portmeirion un au revoir con mucho gusto. No es un adiós para siempre, pues con seguridad regresaré.

## 8

## LOS DRUIDAS DE ANGLESEY

*Ynys Mon*, o también conocido como Anglesey, es la isla más grande de Gales con sus 276 millas cuadradas. Es un sitio que vale unos pocos días del tiempo de cualquiera por la rareza que está entretejida en la atmósfera y consistencia de la isla. Algunos no podrán verlo, pero para aquéllos con la habilidad, o el poder de sentir lo que yace debajo de la superficie, Anglesey es un sitio único y, en ocasiones, también inquietante. En primer lugar, un breve párrafo sobre el nombre.

Anglesey se ubica sobre la costa Noroccidental del país, y con el puente suspendido de Thomas Telford y el Puente Britannia conectándola con la región continental, ya no puede considerarse más una isla. Muchas personas van a debatir ardientemente esa afirmación. El origen del topónimo también está en disputa, con algunos que dicen que *Ynys Mon* puede significar "La Isla de Mon", con "Mon" como una princesa galesa. Algunas veces la isla es llamada *Môn, Mam Cymru*, Mona, la Madre de Gales, o podría tomar su nombre de una antigua diosa llamada Modron, la Madre de Gales. Usted hará su apuesta y escogerá su opción.

Algunas personas optimistas piensan que Anglesey podría ser el Avalón Arturiano, del galés *Afallach*, - abundante en manzanas. Aparentemente, en el período celta temprano, Anglesey era afamada por su producción de manzanas. El clérigo del siglo XII, y autor, Geoffrey de Monmouth, nombró con seguridad a Anglesey *Insule Ponorum*, la Isla de las Manzanas.

La primera vez que visité Anglesey estaba lloviendo, una lloviznita fina, que caía sobre el Estrecho de Menai, lavando todo el color de la isla. Incluso así, no dejaba dudas de lo dramático de este lugar. La isla tiene una atmósfera que trasciende lo racional. Para aquéllos con la habilidad de enfatizar el sentimiento que inspira un sitio, Anglesey es fácil de detectar. La sensación de las personas que hace tiempo estuvieron aquí, es tangible; está en los campos, y en las antiguas rocas, y hace sentir que esta isla, más que el maravilloso paisaje, fue el hogar de los druidas.

La población humana de la isla se remonta a varios siglos, desde la prehistoria, con una variedad de menhires (rocas colcadas de forma vertical) y cromlechas (altares-tumbas megalíticas). Se ha dicho que Anglesey posee más monumentos sagrados ancestrales por milla cuadrada que cualquier otro lugar en Bretaña. Están por todos lados. Por ejemplo, la cámara mortuoria en Bryn Celli Ddu es fascinante, con un pasadizo que lleva al montículo, mientras que las rocas paradas en Din Dryfol son una invitación a la maravilla.

Entonces, ¿en dónde están los druidas? No estuvieron involucrados en la erección de esas rocas ancestrales, aunque fue la religión druida la que hizo entrar a Anglesey en la historia, y la historia que registra es de la religión druida. Cuando los romanos invadieron Bretaña arrasaron con las tribus de lo que es ahora el sur de Inglaterra, pero encontraron fuerte resistencia cuando marcharon hacia el norte y al oeste. En lo que es ahora Gales estaban las tribus de los Ordovicos, Siluros y Demaetos, muy duras. La gran fuerza destructiva romana, victoriosa desde las orillas del Eufrates hasta Nubia, y desde las montañas del Atlas hasta el Mar Aral, se encontraron con el alto en la frontera galesa.

Los romanos se toparon con que los druidas, la orden religiosa de los celtas, habían organizado la resistencia en contra de ellos. Roma estaba fascinada con los druidas, y los escritores romanos mencionan el conocimiento oral druida y su influencia como sacerdotes, curadores, adivinadores y videntes. El centro principal de los druidas estaba en Anglesey, de forma que, alrededor del año 61 AD, el General Gaius Suetonius Paulinus marchó con un gran ejército sólo para eliminar a esta amenaza religiosa.

¿Entonces, qué o quiénes eran esos druidas como para que se requiriera de un ejército del poder militar más exitoso en el mundo como para subyugarlos? Bien, la verdad es que nadie está seguro. Existen varios rumores y algunas locas especulaciones pero, ya que los druidas no dejaron nada escrito, los historiadores se han tenido que basar en las palabras de los enemigos de los druidas, lo cual no es una fuente confiable. Sabemos que los druidas eran una fuerza religiosa dominante que parecía inspirar lealtad tribal y, por ende, eran como el pegamento que unía a los pueblos celtas. Probablemente por la presencia de los druidas, Anglesey se convirtió en un refugio para quienes escapaban del régimen romano y, posiblemente, un sitio de recuperación para guerreros desesperados por una oportunidad de contratacar. Es significativo que los romanos sólamente persiguieran a dos religiones, presumiblemente aquéllas que percibían como una amenaza. Una era el Cristianismo, y la otra el Druidismo, lo que habla volúmenes sobre el poder e influencia de los druidas.

Tácito, un escritor romano, nos otorga el único reporte sobre lo que sucedió cuando Suetonius Paulinus:

*Se prepararon adecuadamente para atacar la isla de Mona, la cual poseía una considerable población por si sola, mientras servía también como campo para refugiados; y, en vista del canal poco profundo y variable, construyeron una flotilla de naves de fondo plano. Con éste método cruzó la infantería; la caballería, que la siguió, lo hizo vadeando o, en aguas más profundas, nadando al lado de sus caballos.*

Eso es de los romanos. Y del lado druida:

*En la costa de Anglesey estaba la formación adversaria, una masa apretada de armas y hombres, con mujeres revoloteando por entre las filas. Al estilo de los valientes, en túnicas de negro mortal y con el cabello desgreñado, esgrimían sus antorchas; mientras un grupo de druidas, alzando sus manos y lanzando imprecaciones, golpearon a las tropas con tal saña que, ante el extraordinario espectáculo, sintieron como sus miembros estuvieran paralizados, y quedaron expuestos a ser heridos en todas las partes de sus cuerpos, sin ningún intento de defensa. Entonces, reordenados por su general e incitándose unos a los otros a nunca caer de esa forma ante una banda de mujeres y fanáticos, lucharon bajo los estandartes, cortando a todos los que les quedaban cerca, y envolvieron al enemigo en sus propias llamas.*

Sonó más como una masacre que como una batalla, ya que los soldados romanos, veteranos y profesionales, hicieron una carnicería con los sacerdotes, guerreros y mujeres de los druidas. Una vez que los romanos se habían encargado de los druidas, se pusieron a derrumbar todas las arboledas sagradas. Según Tácito, muy lejos de ser un escritor imparcial, los druidas sacrificaban personas en las arboledas y usaban entrañas humanas para adivinar el futuro. ¿Será verdad? Los ejércitos imperiales a menudo utilizaban propaganda para justificar sus acciones, mostrando al enemigo en la peor luz posible. Sin el correspondiente reporte del punto de vista británico, no podemos narrar los hechos con justicia. Lo que sabemos es una mezcla de suposición y adivinanza, entremezclada con los reportes romanos y hallazgos arqueológicos (con sinceras disculpas hacia cualquier druida de los tiempos modernos con, de alguna manera, conocimiento genuino sobre el tema.)

He leído historias sobre druidas ocultos entre árboles para decapitar a soldados romanos en plena marcha. Nunca he visto reportes como esos en fuentes que inspiren confianza. Probablemente he estado viendo en los sitios incorrectos.

Al parecer, los druidas eran adoradores de la naturaleza, siendo los árboles el punto central de su credo. Los árboles de tejo, asi como los robles, eran especialmente importantes y algunos creen que la palabra "Druida", *Derwyddon* significa "conocimiento de roble" en galés. Otros creen que significa "sabio del bosque" o "fuerte adivino". Mientras que los sacrificios humanos son una mera invención romana, no hay duda de que otros objetos sí eran ofrecidos en sacrificios religiosos en Anglesey.

Cuando Llyn Cerrig Bach (El Lago de los Guijarros) fue drenado en 1940 para hacer una pista de aterrizaje para la Real Fuerza Aérea, y se hallaron varios artefactos que consistían de espadas y lanzas, hasta calderos, una trompeta y algunas barras de moneda. La inclusión, de mal agüero, de cadenas para esclavos, es un recordatorio de que los celtas no eran un pueblo pastoral e inocente que sólo se dedicaba a adorar la naturaleza, sino una sociedad guerrera con su propio lado oscuro. Sin embargo, comparados con la cultura romana de esclavitud industrial y sacrificios rituales en sus eufemísticamente estilizados "juegos", los celtas fueron relativamente inocentes. El coliseo romano sólo era uno de un gran número de anfiteatros en los que animales y humanos eran sacrificados, de formas nada agradables, para proveer entretenimiento para un pueblo que estaba lejos de lo que es nuestra actual forma de civilización. Tal vez los romanos vivieron en ciudades, pero ciudades basadas en la esclavitud. Los druidas seguramente conocían la realidad de Roma, en donde la derrota sería la subordinación y servilismo a esa nueva sociedad tan brutal; no es una sorpresa que se resistieran con tanta fiereza.

No sabemos qué tan efectiva habría sido el ataque romano a Anglesey como para terminar con el poder de los druidas. Sabemos que el druidismo, como religión, sobrevivió, puesto que cuando San Columba viajó a través de las tierras de los pictos, conoció a los druidas. No hay duda de que el druidismo persistía entonces, en cierta manera, incluso tras la destrucción de Anglesey por los romanos. Los druidas se están asomando ahora por las páginas de este libro y entonces muchos de nosotros, consciente o inconscientemente, tendremos algo de herencia druida.

No solo en Anglesey vivieron los druidas, por supuesto. No lejos de Penmaenmawr en las costas de Gales del Norte, hay un círculo de rocas bajas, a veces llamado "El círculo druida". En el centro de ese círculo había un cist, una especie de altar, que contenía el cuerpo de un niño. El círculo también tenía la Roca de la Deidad, que golpea a cualquiera que ose utilizar lenguaje obsceno cerca de ella. No intente hacer eso, por si acaso. Casi directamente en el lado opuesto está la Roca del Sacrificio, que tiene una pequeña depresión, curiosa, en su superficie. La historia dice que si una madre colocaba a su bebé recién nacido entre la depresión, él o ella tendría buena suerte por toda su vida. Aparentemente, en noches de clima salvaje, salen gritos y lamentos de la Roca del Sacrificio y, según la leyenda, alguna vez las brujas solieron reunirse en estas rocas, en donde algunas de las hechiceras la tocaron. Dos de ellas, aparentemente, murieron, y otra perdió la razón. ¿Habrán estado involucrados los druidas? ¿O fue un suceso inusual? Probablemente lo último.

Pegaré aqui un ligero salto ahora a un hombre que reinventó el druidismo para adaptarlo al mundo moderno. Su nombre fue William Price, y era un galés, nació en Gales, vivió en Gales, vivió *para* Gales y dejó una marca indeleble que continúa en la actualidad. Nacido en Rudry cerca de Caerphilly en marzo de 1800, William Price es recordado por su parte en el impulso del neo-druidismo, aunque también fue un doctor en medicina, un chartista, un nacionalista galés y un defensor de la cremación.

A pesar de ser galés, el padre de Price fue un sacerdote de la Iglesia de Inglaterra, quien había desposado a una empleada doméstica galesa. Tal unión entre clases sociales fue desaprobada en los círculos respetables, y pudo haber influenciado al joven William Price en su toma de decisiones de vida. También puede ser que la excentricidad estuviese en sus genes, pues el padre Price tenía sus arranques de extrañeza, incluído bañarse en estanques locales, con o sin ropa, y andar cargando bolsas llenas de serpientes.

Tras ser educado como doctor en Londres, William Price regresó a Gales en la década de los 1820s. Tras unos pocos años en Glyntaff cerca de Pontypridd, Price se mudó a una granja en las cercanías de Upper Boat y aceptó el cargo de jefe de cirugía en Brown Lenox, también cerca de Pontypridd. En 1823 se mudó a Treforest. Todas estas aldeas estaban ubicadas en áreas industrializadas, en donde los obreros se agrupaban en condiciones de pobreza. En Treforest, Price fue juez en el concurso en Eisteddfod para bardos, y se unió al movimiento People's Charter, que proponía la modificación y mejora a los derechos de voto. Price también enseñó a los galeses a cómo contrarrestar la difusión del lenguaje de los ingleses en Gales, y se unió a un grupo neo-druida llamado "Sociedad de la Roca Mecedora". La Sociedad de la Roca Mecedora realizaba sus reuniones en Y Maen Chwyf, una enorme roca entre un círculo que tenía una larga historia de Neo-Druidismo, en vez de un profundo conocimiento y entendimiento de las costumbres de los druidas originales.

Un galés del siglo XVIII, Iolo Morgannwg, había tenido la esperanza de revivir el orden druida, y escribió un poema sobre Y Maen Chwyf:

*Cuando el sol, tímido, se apresura a ocultarse tras*
*las colinas en poniente,*
*Estoy dentro del*
*Círculo ancestral con sus rugosas rocas*
*Y apunto al cielo*

Es posible mover la roca que se mece a mano, lo que pudo haber originado la creencia de que los antiguos druidas realizaron milagros y sacrificios humanos aquí. No parece haber ninguna evidencia de tal idea. Sin embargo, fue un lugar en el que Price casó bien, y se reunió con sus compañeros neo-druidas. El caracter de Price consistía en una mezcolanza de fantasía y humanidad, y su mente fértil concibió la idea de establecer un museo para el druidismo, y el pensamiento práctico de utilizar cualquier fondo logrado del museo para caridad hacia el pobre.

En 1839 los chartistas de Newport, al noreste de Cardiff, se levantaron un una rebelión armada, y los militares los aplastaron; Price escapó a Francia y, por alguna razón, creía que una profesía que había sido olvidada hacía tiempo, predecía que Gales sería en un futuro una nación libre e independiente. Con el polvo del levantamiento de 1839 ya asentado, Price regresó una vez más a Gales Se convirtió en líder del movimiento deo-druida, y comenzó a vestir lo que él pensaba eran auténticos trajes druidas.

A pesar de su obsesión por el druidismo, Price continuó interesado en la democracia, esperando por igualdad de derechos para todos los hombres, no sólo para las altas esferas de la sociedad. También se convirtió en vegetariano décadas antes de que tal práctica se pusiera de moda, y pensaba que el matrimonio era sólo una versión de esclavitud a las mujeres. Price también bebía cantidades inmensas de champaña, como si fuese agua, y estaba interesado en la cremación. Cuando falleció su hijo en 1884, Price lo cremó. Y puesto que algunos consideraban ésto un acto ilegal, arrestaron a Price. Durante su juicio, probó que nada en específico en la ley negaba la cremación, y ganó el caso. Entonces, tenemos aquí un vegetariano neo-druida quien bebía champaña en vez de té o cerveza y un hombre que prefería vestir pieles de zorra sobre su cabeza, y estaba en contra del matrimonio. Como si eso no fuese lo suficientemente extraño, le agarró por salir a correr desnudo y a toda velocidad por las colinas que rodean Pontypridd, causando una imagen no muy edificante en el período Victoriano, e indudablemente una que asustaba a los caballos.

En 1893 falleció Price, y se estima que 20,000 personas

observaron su cremación, con dos toneladas de buen carbón galés usados sólo para iniciarlo. Y mucho después que su humo se hubiese disipado, su amada esposa decidió que ya no quería ser más una druida, y se casó con el inspector local de caminos. El legado de Price aún permanece, sin embargo, en los neo-druidas y en forma de estatua en Llan-trisant en Glamorgan. Es recordado con afecto, en especial por sus excentricidades, que eran muchas, por su humani-dad, que era genuina, y por sus esfuerzos por revivir el drui-dismo. Actualmente, Price y Anglesey son ambos considerados fuentes de druidismo, real o imaginado.

## 9

# BRUJAS GALESAS

En dos ocasiones en mi vida he trabajado junto a una bruja confesa. Una afirmaba ser una bruja blanca y hablaba de asisitir a asambleas de compañeras brujas. La otra siguió por el camino de la izquierda, y sus conversaciones eran obscuramente siniestras. ¿Habrán sido realmente brujas? La bruja blanca creía ser auténtica, y actuaba de acuerdo con su religión profesada. La bruja de la oscuridad, estoy menos seguro. Era muy joven en ese entonces, y es posible que ella estuviese creando una imagen para impresionar o, mejor dicho, fastidiar a su joven compañero. Y ese es el problema con toda la brujería, en el que hay que separar el trigo de la paja, lo real de lo imaginario, lo que la gente cree y lo que sólo ha sido inventado y clasificado bajo la etiqueta genérica de brujería.

Es probable que todo país en Europa tenga su parte de brujas, y Gales no es la excepción. Si el Merlín del Rey Arturo hubiese nacido en Carmarthen, como dice la leyenda, deberá entonces ir a la fila de los solicitantes para ser la más famosa bruja o, mejor dicho, el más famoso brujo de toda la historia, a menos que fuera druida, pero hay otros para seguir su ejemplo. Estaba Ceridwen, por ejemplo, la madre de Taliesin, el poeta "ángel caído". Tras parirlo, Ceridwen colocó a Taliesin en un cesto de juncos y lo lanzó al río Dovey, en donde el príncipe Elphin lo halló, una historia extrañamente familiar. ¿Serán genéricas estas historias alrededor del mundo? ¿Habrá una fuente en común para que la gente haya aprendido hace eones y haya transmitido por miles de años siendo nómadas, o los cuenta cuentos galeses sólo copiaron la Biblia?

En tiempos más modernos, las brujas de Gales aparentan ser bastante similares a las de otros países, pero tal vez porque las brujas galesas siempre fueron consideradas útiles, sanadoras más que usuarias de magia negra, hubo menos ejecuciones de brujas en Gales que en cualquier otro lugar. Habiendo dicho eso, el folclore habla de una bruja del siglo XVI siendo quemada en la hoguera en Dolgellau en Gwynedd.

En común con la mayoría de Europa, Gales tenía tres tipos de brujas. Algunas eran brujas de magia negra, a menudo asociadas con el diablo, y que maldecían a la gente y podían resucitar muertos. Otras eran brujas blancas, que quitaban conjuros, curaban a los enfermos y preparaban pociones de amor; y en tercer lugar, los hombres sabios, similares a las brujas blancas. Merlín es alguien quien podría haber sido de la última categoría.

En Gales, la protección contra las brujas parace haber sido la misma que contra las hadas. Hierro frío, en forma de una herradura, por ejemplo, podría haber sido una opción útil, así como ramas de espino o su madera, o de tejo del patio de una iglesia, con una escoba a veces en la ecuación. Es la cuestión en dilema, si esas clases de madera eran sagradas para los druidas, y si era así, probablemente la brujería sería un recuerdo adulterado de las prácticas druidas.

No se sabe si alguno de estos métodos de profilaxis de brujas pudiese haber sido efectivo para detener a Canrig Bwt, una bruja caníbal de los tiempos de obscuridad. La leyenda afirma que Canrig Bwt vivió junto a un monumento megalítico en Pont-y-Cromlech en el paso de Llanberis en Snowdonia y había obtenido sus poderes mágicos de vender su alma al demonio. Era, obviamente, una mujer desagradable quien, según el folclore local, tenía una dieta a base de niños crudos.

Naturalmente, nadie deseaba que una criatura como esa anduviese embrujando el campo, pero de igual manera, nadie se atrevía a matarla. Sin embargo, una vez, los estragos que causaba Canrig Bwt habían llegado tan lejos, que la gente no pudo continuar soportando, y trajeron a un valiente llamado Idwal, que se ofreció como voluntario para intentar poner un fin a sus asesinatos. La idea se volvió popular, pero Idwal no tenía experiencia en asesinar brujas, de forma que se puso a buscar cualquier utensilio que le pudiese ser útil. Andaba en su búsqueda cuando una bruja blanca local le sugirió que necesitaba una espada de hierro para matar a Canrig Bwt, pero tales armas eran demasiado costosas. Idwal estaba a punto de desertar a tan loca idea de convertirse en héroe, cuando un señor local le prestó su espada, y se embarcaron en una especie de clases de combate con espada.

La práctica del esgrima no es una habilidad que se pueda aprender de la noche a la mañana, en especial si uno nunca en su vida ha siquiera sostenido una espada. Sin embargo, Idwal perseveró y, tras unas pocas lecciones, pensó estar preparado. Viendo que Idwal estaba en pleno fervor, otros vinieron a ayudar, con una sabia local sugiriendo que cubriera la empuñadura de la espada con ramillas de tejo y verbena. El tejo era supuestamente una de las plantas mágicas de los druidas, mientras que la verbena se ha ganado la reputación de "hierba de la cruz", y tiene propiedades medicinales sorprendentes. Un monje colaboró un poco más allá, reforzando la fuerza de la espada con una bendición, ungiendo la cabeza de Idwal con oleos sagrados y absolviéndolo de cualquier pecado si lograba tener éxito en matar a la bruja.

Con Idwal ahora bien preparado, espiritual y físicamente, se reunió una multitud para verlo marchar a la batalla. Los más optimistas no esperaban verlo regresar vivo, pero igualmente lo animaron. Despúes de todo, esta empresa desesperada era mejor que ninguna empresa. Era tarde en una oscura y ventosa noche, cuando Idwal se ciñó la espada y partió, lo que parece una hora extraña como para ir a matar a una bruja. Por todos lados se alzaban las montañas, fuertes, inexorables y peligrosas. La luna estaba llena cuando Idwal llegó a la roca megalítica y escuchó a Canrig moviéndose debajo, gruñendo y aplastando un infante desafortunado. Idwal pudo ver los huesos recién carcomidos de su última merienda.

"¡Canrig Bwt, tu, bruja come-niños; en el nombre de la Santísima Trinidad, sal y pelea conmigo!"

Canrig Bwt respondió con una carcajada tal, que se congeló la sangre de Idwal, diciendo que succionaría el cerebro de un niño y luego saldría a pelear. "Y cuando salga, te mataré". Idwal no tuvo que esperar mucho para que la bruja reptara desde su madriguera de debajo de la roca megalítica. De una solo atacó a Idwal, usando sus garras para cortarlo.

Idwal blandió su espada diciendo: "Dios me socorra para derrotar al mal".

El Señor le realizó el milagro, puesto que sus ramillas y la espada bendita de hierro, que temían todas las brujas, inmovilizó a Canrig Bwt, de manera que no pudo moverse. Paralizada, la bruja quedó impotente ante Idwal levantando su espada para decapitarla. La bruja de Snowdonia ya estaba muerta, y los niños etaban a salvo.

Ahora bien, ¿será cierta esta historia medio olvidada sobre un local matando a una caníbal ancestral? ¿O es inventada? Algunos elementos suenan reales, como la bendición de la espada y el uso de plantas sacras. Uno se pregunta de cuándo data esta historia, y si la gente del siglo XVII hubiese sustituido la palabra "bruja" por alguna otra. Dudo que lo sepamos.

Durante los siglos XVI y XVII se desató una cacería de brujas por toda Europa, y se estima que fueron ejecutadas unas 100,000 personas, de formas horribles. La mayoría fueron mujeres. Mientras que Escocia e Inglaterra estuvieron involucradas fuertemente en la cacería de brujas, Gales estuvo relativamente calmo con sólo un puñado de brujas, o supuestas brujas, ejecutadas. El idioma debió haber tenido algo que ver con la escasez de víctimas, pues los tratados anti-brujas nunca fueron publicados en galés. El medio para la caza de las brujas estaba en inglés, y en donde fuera que el idioma inglés fuese más débil, también se debilitaba el miedo y persecución de las brujas.

Sin embargo, incluso en Gales, algunas brujas solían estar del lado oscuro, como la Tangwlst ferch Glyn del siglo XVI (ferch significa "hija de") quien, aparentemente, hizo un ídolo al Obispo de San David, y lo maldijo al acusarla de inmoralidad. Como cosa rara, el obispo rápidamente enfermó....

A pesar de que el rey Jaime VI y I es a menudo culpado del ataque a la brujería, se había convertido en delito capital en 1563, décadas antes de que el hombre conocido como algo oximorón y el tonto más sabio del cristianismo se convirtiera en monarca de Gales e Inglaterra. La primera ejecución documentada de brujería en Gales data de 1594, irónicamente durante el reinado de la Reina Buena Bess, con Gwen ferch Ellis como la víctima desafortunada. Nacida en Llandyrnog en el valle de Clwyd, Gwen había sido llevada a Yale, no lejos de Wrexham. Una hiladora, Gwen también, era sanadora y herbóloga, y una cristiana con encantamientos folclóricos: "En el nombre del Padre, del Hijo y del Espíritu Santo". Desafortunada en sus matrimonios, Gwen sepultó a dos esposos antes de que contrajera matrimonio con un molinero de Betws yn Rhos en Conwy.

Para este punto, Gwen ya era famosa localmente por sus conjuros y por sus sanaciones, y personas de todas las clases sociales buscaban su ayuda. Una fue Jane Conwy de Marl Hall. Ahora bien, Jane tenía una aventura con un hombre llamado Thomas Mostyn; Gwen averiguó y, en poco tiempo, fue acusada de brujería. En su juicio, Gwen admitió libremente que era una sanadora para tanto gente como animales, y que había utilizado conjuros para curar a los enfermos y proteger a personas contra el mal. Uno de sus encantamientos, se encontró, estaba escrito al revés, lo que fue tomado más como algo negativo que positivo. Según la fiscalía, Gwen era reconocida por levantar maldiciones que, aparentemente, habían sido puestas sobre personas o ganado. Después de haber sido pagada, Gwen miraba a través de un vidrio especial, posiblemente cristal, y localizaba la "marmita de la maldición". Era conocida como bruja de magia blanca, pero estuvo de acuerdo en que se había pasado al otro lado para maldecir a Sir Thomas Mostyn. Y la mujer que le pidió tomar el camino siniestro, había sido Jane Conay, cuya aventura con Mostyn había amargado.

Dada tal maldita evidencia, no fue sorprendente que los testigos declararan en contra de Gwen, diciendo que era una mujer sucia que había asesinado a un enfermo y enloquecido a un niño. Hallada culpable, las autoridades colgaron a Gwen en Denbigh, ese mismo año. Ella siempre sostuvo su inocencia, incluso hasta el fin. Conway, la posible instigadora, escapó. En muchos otros países, un ejemplo como tal hubiera conducido a toda una plétora de acusaciones y ejecuciones. Gales no seguía la tendencia contemporánea.

Y diciendo eso, Gales, en común con todas las otras naciones de las islas británicas, tuvo su cuota de brujas. Algunas eran evitadas, y otras usaban sus poderes para ganarse la vida. Las leyes anti-brujas perduraron hasta 1736, pero la creencia en el poder de la brujería se extendió incluso hasta el siglo XIX y, de hecho, aún hoy en día existe. En 1872, el Honorable W. O Stanley MP habló sobre una sospecha de brujería en Anglesey. Mencionó que uno de sus trabajadores, Edward Morris, estaba trabajando en la granja Penrhos Bradwn cuando tuvo que remover un terraplén. Enmedio de ese terraplén, encontró un "puchero negro con una pizarra cubriendo la boca". El nombre de Nanney Roberts estaba escrito a ambos lados de la pizarra, mientras que dentro del puchero había huesos de rana, con cuarenta alfileres grandes atravesando la piel del animal. Un puchero, para aquellos que no saben (tuve que preguntar a mi esposa) era una vasija de barro. Según Stanley, era una tradición que usaban las brujas para maldecir a alguien, metiendo alfileres a una rana, adjuntar el nombre de la víctima y ocultar todo el conjunto dentro de un puchero. La maldición duraba intacta hasta que la persona embrujada hallara el puchero. Si la persona que realizaba la brujería era muy hábil, o él o ella podía quemar la rana, la maldición duraba para siempre.

Otro método de embrujamiento era meter alfileres en la rana y lanzarla a un estanque de agua, para que se ahogara lentamente. Al parecer, las chicas utilizaban esta forma de maldición en contra de otras muchachas por las que sus amados se sintieran atraídos. Debió haber sido una situación difícil para las pobres ranas en partes de la antigua Gales.

Otra creencia en Anglesey y, probablemente, también en otros lugares en Gales del Norte, era que los pozos o nacimientos de agua que fluían en dirección sur, y podían ser usados como pozos de maldición, o de curación. Un pozo cerca de Penrhoe era utilizado a menudo para intentar curar el cáncer. El hombre o mujer que creyera tener cáncer, debía lavarse en el agua y luego dar una vuelta alrededor del pozo, lanzando alfileres y maldiciendo la enfermedad. Eventualmente, llegó tanta gente al pozo, que causaron demasiado daño a las propiedades vecinas, que el granjero hizo secar el pozo. Otros pozos con cualidades mágicas estuvieron en Llanailian y Holywell en Anglesey. En el de Llanailian, la persona enferma debía bañarse en el pozo y luego poner la limosna en una caja dentro de la iglesia local. Se dice que esa caja era enorme, pesada y fijada con clavos. Eventualmente, se llenó de monedas, y los párrocos utilizaron el dinero para construir tres granjas.Uno se llega a preguntar si los párrocos no habrán sólamente usado la reputación del pozo para tomar su ventaja personal.

Pero ya nos alejamos mucho de la brujería y caímos en otras creencias.

On aspecto de la brujería que perduró al menos hasta fines del siglo XIX, fue la creencia en el mal de ojo, y no sólo en la remota campiña. Hubo un caso en Gower a principios de la década de 1860, cuando dos hombres cortejaban a la misma dama. Lógicamente, la afortunada mujer sólo podía tener un esposo, de forma que escogió a su favorito y lo desposó. Sin embargo, tan pronto estuvo casado, el esposo comenzó a padecer de asma. Cuando la esposa andaba lejos, viendo a su madre, el asma del hombre se desvanecía, y estaba tan sano como un caballo. Cuando su esposa regresaba, de nuevo era golpeado por la enfermedad. El esposo pensó que, seguramente, el antiguo rival con el que había peleado por su actual esposa, había contratado a una bruja para ponerle el mal de ojo.

Dejando su empleo en Gower, el hombre objetivo se mudó a Swansea y buscó una "bruja curandera" para que le quitara el embrujo. Eventualmente, encontró una mujer que aceptara el pago y que dijo que podía curarlo en cinco meses, añadiendo que, después de cuatro meses, le traería a su casa a la bruja que le había echado la maldición. Completamente seguro, el hombre vio su condición mejorando gradualmente y, cuando supuestamente llegó la bruja, la casa estaba llena de amigos y familia, incluída la afligida madre del hombre.

Sin un solo dejo de pena por ser culpada de tanto sufrimiento y aflicción, la bruja accedió a levantar la maldición. En vez de, ahora, tener al hombre como objetivo, escogió a la madre como su víctima y la hizo interpretar algunos actos indignos que no fueron adecuados para una mujer en sus años. Una vez que eso estuvo realizado, la bruja regresó a Gower.

¿Le habrá levantado el mal de ojo? Desafortunadamente, no lo pude averiguar. El esposo reportó que estaba mejorando, sintiéndose mejor cada día, pero no pude localizar un reporte final. Fue un caso raro para el período y uno que nos muestra el poder de la creencia en brujas, incluso en esas fechas. Y fue aún más insólito que, aunque el caso fue reportado en extensa demasía en periódicos contemporáneos, no se mencionaron nombres.

Incluso después, en agosto de 1889, hubo un caso en Aberystwyth. Una mujer entrada en edad recibió un alivio parroquial - un tipo de seguro social - pero los vecinos no estuvieron para nada felices con ella. La mujer tenía reputación de tener el poder del mal de ojo y tenía el hábito de estar levantada toda la noche, con dos lámparas encendidas mientras esperaba a un fantasma que pensaba la estaba espantando. Es interesante que los vecinos no se quejasen de sus supuestos poderes. En vez de ello, estaban preocupados de que ella pudiese incendiar la casa con sus candiles.

Cuando llamó el policía local, le aconsejó a la dama en cuestión que apagara las lámparas, en caso de que se quedara dormida y provocara un incendio. La anciana se rehusó, de forma que los Guardianes del Vecindario hicieron que se le dejara de dar el beneficio social y la amenazaron de llevársela al hospicio a menos que dejara de esperar al tal fantasma.

La mujer sucumbió a la amenaza y quedó decentemente en cama toda la noche, después de eso. Sin embargo, le quedaba la espinita. Tan pronto como se dieron cuenta de que la mujer se estaba portando bien, sus vecinos solicitaron que se le reinstalara el dinero de alivio parroquial. Algunos de los guardianes no estuvieron de acuerdo, diciendo que "la creencia en brujería está difundida por todos lados, y tenemos el deber de detenerlo, metiendo a la mujer al hospicio". Hubo un ardiente debate antes de que el oficial de relevo, quien había visitado a la mujer, dijo que ella estaba "bien portada" y ordenó que se le continuara dando la ayuda social. La pregunta es cuál era el mal más grande: la amenaza de brujería o la aversión al hospicio.

Para quienes no lo sabían, en inglés la palabra usada en ese entonces era "Workhouse", y se refiere a un sitio o último hotel. La gente sin ingresos y sin esperanzas eran adimitidos allí para vivir una vida de incesantes fatigas, por poca comida. Estos hospicios casi siempre estaban limpios y protegidos, pero eran vistos como sitios degradantes y aterrorizantes, una sombra oscura sobre la pobreza de la vejez.

En la actualidad se cree que existen numerosas brujas y reuniones de ellas en Gales, e incluso un alto número de satanistas. Algunas brujas, se dice, incluso ponen anuncios comerciales sobre sus servicios, de forma abierta. Hubo una maldición que se registró cerca de Aberaeron en 1994, y no se conoce el mal de ojo. Incluso hubo un caso en el que un recién nacido y su madre fueron afectados repentinamente por falta de aire, tras ser afectadas por el mal de ojo - similar al caso mencionado arriba. Tal vez hay algo, después de todo, en las antiguas historias, y estas creencias no son raras, sino el miedo natural a los poderes de cuerpo o mente que muchos de nosotros no entendemos. Strange Jack se mantendrá alejado de cualquiera de tales cosas.

## LOS MINEROS

La minería es muy antigua en Gales. Cerca de Llandudno, en la costa norte del país, está la mina de cobre "Gran Orme" que, de unos 4,000 años de antigüedad, tiene la reputación de ser la más grande mina prehistórica de todo el mundo. De manera que cuando los romanos comenzaron a dedicarse a la minería, estaban involucrándose en una práctica muy bien establecida. Los romanos excavaron buscando plomo y oro, con una mina de oro muy bien conocida en Dolaucothi cerca de Pumpsaint en el valle de Cothi, Carmarthenshire. Estos antiguos mineros solían realizar sus actividades tanto en minas de galería como en abiertas, utilizando una rueda de madera para bombear el agua afuera de las minas. Cuando el Imperio Romano retrocedió por un momento en el siglo V, la minería se detuvo por un tiempo, sólo para reiniciar alrededor del siglo XVI. Para el XVIII, la minería de plata ya había comenzado en Cwmystwyth en Ceredigion, no lejos del puente del diablo.

A pesar de poseer una gran variedad de minerales, Gales es conocido más por sus minas de carbón, con los siglos XIX y XX siendo su período de producción pico. Lógicamente, cuando los hombres se encuentran confinados bajo tierra en condiciones tan apretadas y peligrosas, aparecen rumores de cosas extrañas que suceden allí. Los mineros galeses, en común con mineros de cualquier otro lugar, han experimentado sucesos sobrenaturales. Muchos efímeros e inexplicables, incluso hoy.

Dudosamente el área más facilmente reconocible como minera en Gales es la Rhondda que está en el sur del país y que abarca dos valles, la Rhondda Fach y la Rhondda Fawr, y que incluye un gran número de pueblos, como Maerdy, Tonypandy, Ferndale y Treorchy. El clímax de la minería aquí fue antes de 1940, y luego se redujo.

A finales de los 1860s e inicios de los 1870s, aparentemente fue una épca ideal para los encantamientos en las minas de carbón, con varios ruidos extraterrestres escuchados profundo en los pozos y esqueletos vistos en las galerías de minas abandonadas. Durante las últimas décadas del siglo XIX fueron observados algunos fantasmas en las obras de la Rhondda. El distrito de Aberdare fue drásticamente afectado, con los hombres saliendo despavoridos de los pozos, asustados por los extraños ruidos que, juraron, nunca podrían ser de origen humano. Esos hombres estaban tan aterrados, que a menudo se rehusaban a regresar a las profundidades, hasta que se llevó a cabo una investigación. Más escépticos que los mineros, los gerentes bajaron a los pozos hablando fuerte y con poderosas linternas. En una ocasión lo lograron probar, pues cuando alumbraron con la poderosa luz, descubrieron lo que emitía el "inhumano ruido": un gato.

Los mineros galeses a menudo mantenían gatos bajo tierra, generalmente en los mismos establos en los que vivían los ponies de los pozos. Si el gato se ponía a deambular por ahí y se perdía en el laberinto de túneles subterráneos, tanto los activos como los abandonados, aullaría por ayuda, y tal sonido se distorsionaría al pasar por los túneles y pasadizos irregulares. Esa era la teoría que los gerentes plantearon en esta ocasión. Podrían haber estado en lo cierto, pero hubo una mayor cantidad de sucesos, vistos y oídos por exageradamente tanta gente y por un lapso tan largo de tiempo, como para que los gatos fuesen los únicos culpables.

Por ejemplo, he aqui una historia sin fecha que pudo haber sucedido a principios del período victoriano. Hay un área en Gales del Sur conocida como "Cabezas del Valle", con los poblados más cercanos de Fochriw, Rhymney y Dowlais. Este área había sido desde hacía bastante como centro de minería. Lógicamente, había pequeñas minas antiguas abandonadas, en diferentes niveles, con muchas sin haber sido documentadas adecuadamente. Aquí habían sido cavadas minas en busca de hierro, así como carbón. Puede haber sido la compañia férrea Dowlais la que inundó tres pozos en Cwym Bargoed en 1839, en donde ocurrió el siguiente incidente.

Las obras que comenzaron de nuevo se hicieron camino a través de las rocas, con los hombres afanados con pico y pala en esos días previos a la maquinaria mecánica. Tras un tiempo, el duro frente del nuevo camino rompió en el túnel de otra mina y todos los trabajos se detuvieron por un tiempo. Los destripadores, los hombres que removían la roca de encima de la veta y que ampliaban la altura del pasillo, se detuvieron, preocupados por algún posible gas o una entrada súbita de mucha agua. Ningún mal sucedió, por lo que dos de los mineros terminaron de abrir para pasar a la mina recién descubierta. Sosteniendo en alto sus lámparas, pasaron adelante con gran cautela y vieron una sombra confusa de otro minero sentado sobre el suelo un poco más adelante del túnel.

"Halloa," gritaron los mineros, preguntándose si, accidentalmente, habían entrado al túnel de una mina operante.

El hombre no respondió. Continuó sentado, tranquilo y en silencio. Los mineros caminaron hacia él. "Se quedó dormido en el trabajo", dijo uno y le puso una mano para despertarlo. Al primer toque, el extraño minero se disolvió, convirtiéndose en polvo. Ambos mineros dieron un salto hacia atrás y corrieron hacia su propio túnel. Más adelante se enteraron que el cuerpo pertenecía a un minero que había fallecido hacía medio siglo, pues había quedado atrapado tras la caída de una roca.

Lo que puede ser una variante de la historia data de 1870, una época en la que los pozos de minas de carbón de Vochriw, de la compañía Dowlais Iron, tenían una reputación algo insólita. En julio de ese año, los hombres bombeaban agua de uno de los antiguos pozos para profundizar el tiro y, en el fondo, hallaron un esqueleto humano, de sexo masculino, con una pesada cadena ajustada a una rueda de tranvía. Pensaron que eran los restos de un obrero llamado Richard Jones, que había desaparecido en 1859.

Otros mineros tuvieron también encuentros menos tangibles, pero probablemente más sobrenaturales.

En septiembre de 1887, siete mineros de carbón, de la compañía Ocean Colliery en Cwnpark en la Rhondda, caminaban hacia el frente de carbón, cuando algo tocó al último hombre de la fila en el hombro. Se volteó y vio a una fémina, que repentinamente se desvaneció. El hombre le contó a sus compañeros, y todos quedaron aterrados y corrieron afuera de la mina. La dama se les apareció de nuevo y saltó sobre los hombros de uno de los hombres, desapareciendo por segunda vez. No ha habido hasta ahora siquiera un intento de explicación de tal encuentro tan particularmente extraño.

La mina de carbón de Clyncorrwg al lado de Port Talbot en Glamorgan tuvo también algunos raros encuentros cuando un grupo de mineros pensaron haber visto un fantasma y se rehusaron a regresar al pozo. En el transcurso de una hora o algo así, 300 mineros se declararon en huelga. Uno podría preguntarse por qué los mineros se asustan tan fácilmente. Era una creencia común de que tales visiones eran presagios de algún desastre.

En julio de 1902 los hombres reportaron el avistamiento de una mujer fantasmal caminando por los túneles y ondeando una linterna por el pozo de Clyncorrwg. Puesto que las mujeres no trabajan bajo tierra, eso era imposible. Y es más, otros hombres reportaron escuchar a la mujer gritando, el rugido de rocas cayendo y súplicas por ayuda. Otros habían visto destellos de luz. En vez de pensar que habían visto un espectro del pasado, los mineros pensaron que habían visto una visión del futuro. Pensaron que pronto sucedería una calimadad significativa, posiblemente la inundación desde una mina cercana abandonada.

Es posible mofarse de tales cosas desde la comodidad de una casa con calefacción en este siglo XXI. Métase Usted en un oscuro pozo a cientos de pies bajo tierra, y su punto de vista se alterará muy rápidamente. Ahora piense en los 152 desastres en minas en Gales, y esos serían los incidentes que tuvieron varias fatalidades, no los peligros ordinarios del día a día. Los hombres que trabajaban abajo, en los pozos, no eran cobardes; comprendían los riesgos y advertencias mucho más de lo que nosotros lo llegaríamos a hacer.

Los mineros de carbón tuvieron otras premoniciones de desastre. Por ejemplo, en octubre de 1913 en la mina de carbón Senghenydd en Glamorgan, un petirrojo, una paloma y una tórtola, andaban revoloteando alrededor de la entrada de un pozo, lo que hacía que los mineros presagiaran una calamidad. Con seguridad, más adelante en ese mismo día, una horrible explosión mató a 439 hombres.

Alguas veces las premoniciones de los obreros de la minería detenían todos los trabajos y llevaban a reuniones serias de un alto nivel. En julio de 1902, 43 delegados de la Unión, que representaban a 10,000 mineros, sostuvieron su reunión mensual en el Hotel Metropole en Swansea. En tal reunión discutieron sobre el paro total de la mina de carbón Clyncorrwg en Glamorgan "por causa de supuestas preocupaciones". El MP local, Brynmor Jones se había involucrado y visitado las oficinas centrales, y los oficiales buscaron planos de antiguas obras en el área para ver si existía algún probable peligro proveniente de pozos en desuso con gas o inundaciones potenciales. En vez de mofarse de los hombres, los delegados dijeron que la opinión de mineros viejos y experimentados, debía ser respetada.

Uno de los peores desastres en Gales, y el más conmovedor, sucedió en Aberfan el 21 de octubre de 1966 cuando un despojo de minería se deslizó sobre la escuela primaria Pantglas y otros edificios, dejando muertos a 116 niños y 28 adultos. Unas 200 habían predicho ese horror, de una forma u otra.

En el siglo XIX, Morfa Colliery en Port Talbot se ganó una envidiable reputación, y se volvió conocida como el Pozo de los Fantasmas. En 1863, la mina se plagó de extraños avistamientos y rumores de fantasmas. Un avistamiento en particular fue el de un perro, el "perro rojo de Morfa", que apareció y se desvaneció. El mismo año, después de los avistamientos, una explosión mató a 40 hombres. Continuaron las visiones del Perro Rojo y, en febrero de 1870, otra explosión mató a otros 29 mineros. Algunas veces, los obreros simplemente parecían tener la sensación de que algo estaba mal. En 1890 los carboneros de Morfa percibieron un aroma diferente. No sabían qué era, pero sabían que algo no estaba bien. Reportaron un aroma dulce, como un perfume de rosas, y creyeron que provenía de "flores muertas invisibles", posiblemente relacionado con las flores que se colocan en los ataúdes en tumbas. El 10 de marzo de ese año, alrededor de media mañana, se pasó con ese aroma y el sonido de voces provenientes de lugares en los que nadie estaba trabajando. También escucharon ruidos que describieron como "truenos en la distancia y el somatar de puertas por el viento", y visiones de lo que ellos pensaron espíritus, al pie de la vena de Cribbwr. Justificadamente, los hombres estaban asustados, dada la historia del lugar, y salieron del pozo, prefiriendo trabajar en la vecina Maesteg. Para no retornar al trabajo, rompieron sus contratos laborales y se entregaron a todo tipo de castigos disciplinarios. Sin embargo, los carboneros probaron estar en lo correcto cuando, más tarde ese día, escucharon una explosión masiva, y 87 hombres fueron sepultados vivos. Morfa se ganó su horrible reputación.

Inclusive tras el desastre de 1890, los cuentos de fantasmas y extraños sucesos continuaron, con golpeteos y sonidos de lamentos que se escuchaban más abajo, asi como tambores, y voces masculinas cantando cantos fúnebres. Una investigación ese año resultó en que se estimó la existencia de seis "espíritus intranquilos", y los tomaron como los espíritus de algunos de los hombres muertos en una de las explosiones en la mina.

La mina está cerrada, pero los fantasmas seguro están aún allí.

En 1904, se decía que Brace's Level en Pontypool estaba embrujado por el fantasma de un hombre con una luz en el medio de su frente. La figura, se reportó, andaba golpeando los tejados de la Meadow Vein. En ese tiempo, la compañía minera Baldwin Ltd había reabierto recientemente obras que llevaban 150 años de cerradas, y los hombres estaban procupados, lógicamente, por la seguridad. Cuando los mineros vieron la extraña figura, se voltearon y huyeron, con algunos diciendo que también habían escuchado gruñidos que salían de las áreas ya tanto tiempo abandonadas. Algunos pocos hombres se rehusaron a trabajar solos en la Meadow Vein o en las antiguas secciones, particularmente porque el hombre con la luz en la frente podía se visto sólamente desde una dirección. La luz en la frente suena, sospechosamente, como un carbonero que lleva el casco de minero, lo que no fue utilizado sino hasta mediados del siglo XX. ¿Una visión del futuro, tal vez?

La mina de carbón de Cwm Colliery en Gales del Sur, también se dice que estaba embrujada por el fantasma de un viejo minero que caminaba a través de un muro apuntalado con sacos de arena, y entraba y salía de galerías desiertas. Según el folclore, el fantasma pertenecía a un minero de hierro, de Tonypandy, quien había sido aplastado por carros de mina. La minería fue siempre increíblemente peligrosa, incluso en el siglo XX.

Cuando había un accidente fatal en la mina, todos los trabajos paraban por todo ese día y hasta después del funeral. Algunos mineros craían que el espíritu de un hombre muerto en el pozo, permanecía allí hasta que él era sepultado apropiadamente, y tal vez hayan estado en lo cierto.

Los mineros vivían en un mundo muy distinto de cualquier otro. Bajo tierra, con muy poca luz del sol y sólamente una pequeña y tenue linterna, en peligro constante de gas, fuego, inundaciones o sumideros, eran una comunidad aparte. Antes de que la ciencia explicara los súbitos incendios o las fugas de gas, o los movimientos naturales de rocas bajo el suelo, cualquier sonido podía ser interpretado como *coblyns*, pequeñas criaturas que, creían ellos, infestaban las minas, mientras que los incendios podían ser provocados por el feroz aliento de los basiliscos.

El nombre de "coblyns" de otra forma conocido también como *bwca* también singnifica tanto trasgo como golpeador. El bwca es una criatura pequeña, como un minero en miniatura que viste equipo de minería y que vive allá abajo, en los pozos, ya sea obrando o abandonados. Al parecer no son ariscos, aunque pueden ser algo desconfiados, moviendo las cosas y pellizcando todo lo que sus manos puedan asir. Se ha dicho que en realidad no existen, y que los mineros sólamente los imaginan, aunque algunas personas de seria inteligencia piensan que el sonido de golpeteo que hacen es proveniente de los chirridos y rujidos de los maderos bajo tierra antes de que caiga una roca en la cueva. Otros mineros, que conocían mejor a las criaturas, creían que los bwca emitían tales sonidos para advertir a sus compañeros humanos que algo amenazaba dentro de la caverna .Los mineros de edad no se burlaban de los bwca, también conocidos como golpeadores de Tommy. Los antiguos mineros a veces creían que los muertos permanecían en las minas, embrujándolas, con los espíritus regresando. A veces el bwca taladra, a veces anda conduciendo un carro fantasma o anda vagando por los antiguos túneles, o golpetea para advertir sobre el peligro.

Cuando los mineros galeses emigraron a los Estados Unidos, se llevaron a los bwca con ellos. A veces los bwca aparecían afuera de las minas, en donde continuaban realizando sus actividades favoritas de bromear de forma tan peligrosa. También han sido conocidos por actuar como guias para viajeros imprudentes, llevándolos a bordes de riscos a luz de velas antes de soplar la vela para apagarla y salir huyendo, mientras ríen a carcajadas por la diversión de ver a un humano bamboleándose al margen de la muerte. También tienen mal temperamento, de modo que es mejor elogiarlos que no hacerlo. Y si Usted es bendecido por tener una nariz larga, o si Usted es abstemio, mejor evítelos, pues ellos no tienen tiempo para Usted.

Hay un cuento bien conocido sobre el bwca de Monmouthshire que trabajó en una granja a cambio del acostumbrado salario de un tazón de leche. Cuando la sirvienta de la granja cambió la leche por orina, el bwca paró las orejas mejor se mudó de casa, cambiándose a una granja cercana, en donde la criada le preguntó su nombre. El bwca se rehusó a dárselo, de manera que la sirvienta escuchó mientras él se deleitaba presumiendo su retiscencia en una canción, en la que mencionaba su nombre. Inmediatamente, en una rabieta, se largó de allí el bwca, directo a una tercera granja, en donde entabló amistad con Moses, uno de los empleados. Desafortunadamente, Moses se involucró en la Guerra de las Rosas. Al morir Moses en batalla, el bwca quedó tan herido, que se volvió malvado, y el granjero fue a buscar ayuda profesional. Un sabio local lo tomó por la nariz y lo mandó al Mar Rojo por 14 generaciones. Seguramente ya estará cumpliendo su condena.

Pero hay mucho por lo que vagar sobre minas embrujadas. Incluso en el siglo XX, los mineros galeses pueden tener experiencias misteriosas. En Taff Merhyr los gerentes de la mina registraron que "Avistamientos sobrenaturales" habían sido observados, mientras que el la mina de carbón de

Abercynon, un electricista vio una luz que se movía directo hacia él por un pasillo. Pensando que era algún supervisor trabajando, continuó laborando en un panel, hasta que llegó más cerca. Para su horror, era un hombre que había fallecido hacía cinco años. Dejando caer sus herramientas, el electricista salió de allí corriendo hasta que alcanzó el nivel de la salida, y se rehusó volver a trabajar en esa sección de la mina.

Tan recientemente como en la década de los 1980s, la gente ha visto un par de mineros fantasmas en las cavernas de Llechwedd Slate en Blaenau Ffestiniog en Gwynedd, y también han sido escuchados algunos sonidos de obreros trabajando. También en los 1980s en Dylife en Powys, caminaba un hombre por los túneles en desuso en una mina cuando vio una luz azul de unos cinco pies de altura, frente a ellos. La luz se movía cuando él lo hacía. Tales avistamientos no eran desconocidos, ya que los mineros a menudo veían luces flotando en el túnel y luego subían a las alturas. En una nota más siniestra, un día un cuerpo de mineros jugó cartas en Maesteg en Mid con un extraño que se les unió. Al ganar todos los juegos el forastero, los mineros sospecharon, y luego vieron los cascos en vez de pies, y huyeron a toda prisa. Evidentemente había sido el demonio que quiso der una vuelta por Gales, después de su humillación en el Puente del Diablo.

Lógicamente, una industria de tal antigüedad ha creado una plétora de otro tipo de supersticiones. Por ejemplo, si un minero se topa con una mujer bizca mientras se dirige a la mina, inmediatamente debe darse la vuelta y regresar a casa. En Gales del Sur, lo mineros no comienzan una nueva obra un viernes - que es un día que también los marineros toman como de mala suerte. En el Viernes Santo muchas minas quedan desiertas. En casa, las esposas de los mineros deben colocar al gato dentro de un horno, sin encenderlo por supuesto, y colgar las pinzas para carbón sobre el manto de la chimenea, para atraer a la buena suerte. Por ejemplo, en 1878 los obreros de Penrhyn en Gwynedd se rehusaron a trabajar en el Día de la Ascensión, por si eso causaba un accidente. Y había una razón: cuando la autoridad local los forzó a trabajar un poco antes en ese siglo, sucedió una cadena de damnificados.

Los mineros también tenían su propio código de conducta que los unía en la lucha por condiciones tan seguras y decentes como fuese posible. Se esperaba que todos los hombres cumplieran con el código y, si alguno lo rompía, perdería su aprobación. Un crimen era el marcado fraudulento de carros cargados. Al ser descubierto, el que realizaba el fraude, o los que habían marcado falsamente los tranvías de carros, eran llevados a una jaula y aprisionados en la superficie. Todos los mineros se reunirían en torno a él y lo cubrirían con harina, marcándolo como un hombre blanco enmedio de sus colegas de negro-carbón .

En ese estado, era enviado entonces al frente de la larga procesión de hombres que seguía por las calles del pueblo de mineros. Cada persona lo señalaba sin decir palabra. El embustero era llevado a casa en esa condición, degradado y asariado, y pronto se iría del distrito.

Hoy día, la industria minera en Gales es menor que una mera sombra de lo que antes fue. Sin embargo, queda la memoria, con el Memorial de la Minería Nacional conmemorando los desastres en el sitio de "Memorial de Desastres en Minas de Carbón" en Senghenydd. Hay también varios museos de minería que nos recuerdan lo duras y peligrosas que eran las vidas de estos obreros. Esos hombres y mujeres merecen ser reconocidos.

Debo admitir que no disfruté mucho al investigar o

escribir este capítulo. Recuerdo el desastre de Aberfan, y el luto que causó. También tengo generaciones de mineros dentro de mis ancestros, y puedo sentir empatía con los hombres en los pozos, y con las mujeres que vivían preocupadas por ellos. No hay duda de que los mineros fueron una comunidad aparte, y me quito el sombrero frente a ellos.

---

## 11

## LEYENDAS DE LLANGYNWYD

Llangynwyd en el valle de Llynvi es una acogedora aldeíta en el sur de Gales, dos millas al sur de Maesteg. A simple vista parece un sitio bullicioso, amigable pero, debajo de la superficie, la comunidad hierve con una plétora de leyendas. Una de las mejor conocidas es la historia de la Dama de Cefn Ydfa. Según la tradición, esta virgen era Ann Thomas, nacida en 1704, y fue forzada a desposar a un hombre que no amaba.

El padre de Ann la entregó como pupila a un abogado local llamado Anthony Maddocks. A principios del siglo XVIII, las jovencitas tenían pocos derechos, y cuando Maddocks le dio la orden a Ann de casarse con su hijo, no tuvo opción, más que obedecer. Sin embargo, en vez de amar al acaudalado chico Maddocks, Ann amaba a un techador y poeta llamado Will Hopcyn. Cuando el viejo Maddocks descubrió la verdad sobre el amante de Ann, rompió en ira. Le prohibió a Ann volverse a encontrar con Hopcyn y la encerró con llave en su habitación, como si fuese una chica traviesa. Sin embargo, el amor siempre se sobrepone, y Ann encontró a un sirviente amable que se prestó a llevar cartas de amor de Ann a Hopcyn y de regreso. Entre estos tres habían llegado a un acuerdo, con un roble siendo utilizado como una oficina postal impromptu.

Por un corto tiempo todo salió bien, con ambos amantes comunicándose y pasándose mensajes de amor eterno, y la esposa de entonces de Maddocks, y futura suegra de Ann, se enteró. No estuvo feliz con la aventura de su próxima nuera, y despojó la habitación de Ann de papel, tinta y cualquier otro artículo que pudiese ser usado para escribir mensajes. Ann se rehusó a ser vencida. En vez de entregarse a una desesperación, abrió la ventana, saltó fuera y recogió hojas del árbol más cercano. Usó esas hojas como papel, y se realizó un corte en el brazo para utilizar su sangre como tinta.

Desafortunadamente, esta historia no tiene un final feliz. La familia Maddocks obligó a Ann al altar y ella, eventualmente, dijo "acepto" a un hombre que no amaba. Incapaz de quedarse viendo al amor de su vida con alguien más, Hopcyn se fue de allí. Ann se demacró y, mientras se acercaba al final de su vida, pidió ver a su amante; Hopcyn llegó a toda prisa, sólo para que ella falleciera en sus brazos. Ann fue sepultada en la iglesia de San Cynwyd.

Asi como esta extraña historia de amor, los locales tienen el provecho de La Casa Vieja, establecida en 1147 y uno de los bares más antiguos en Gales, lo cual en sí vale la mención. Mientras escribí ésto no estaba seguro de si aún opera este lugar, aunque espero que si. Dentro de su clientela podemos incluir a Richard Burton y David Bowie, mientras que Ann Romney, esposa del candidato presidencial republicano de los Estados Unidos, Mitt Romney, pasó un día completo aquí. Las conexiones galesas de Ann

Romney son tan fuertes como su abuelo fue David Davies, un carbonero de Nantyffyllon que emigró a los Estados Unidos en la década de los 1920s. Otras fuentes de agua se disputan con Casa Vieja por ser el bar más antiguo, con la posada Skirrid Inn, cerca de Abergavenny, afirmando estar sirviendo bebidas desde 1110. El Ancla Azul, en Aberthaw, puede ser que date de 1130, y hay otros tres, pues Gales posee una larga historia de convivencia, así como de otras extrañas costumbres.

Pocas costumbres son tan raras como la del ancestral pueblo de Llangynwyd, de Mary Lwyd. Esta ceremonia de juerga probablemente es anterior al cristianismo, aunque no fue registrada sino hasta 1800. Esencialmente, la ceremonia consistía en una procesión a través de toda la aldea, precedida por la calavera de un caballo metida en una estaca. Una pandilla de hombres llevaba la calavera del equino, cantando de casa en casa. Ya que hay una buena cantidad más de detalles sobre la mencionada tradición en este libro, será lo único que diga por el momento.

Cerca de la aldea hay un antiguo castillo, el Castillo de Llangynwyd, que aporta un significado histórico a los cuentos.

Según la tradición local, el castillo de Llangynwyd contiene un tesoro escondido con oro y con, por supuesto, un espíritu guardián. Este vigilante se asegura de que nadie nunca halle el tesoro, al dejarlo perdido y confuso. También hay un pasaje subterráneo desde el castillo hasta la aldea cercana aunque, a pesar de muchos intentos, nadie ha logrado hallarlo. Es totalmente probable que haya existido un pasadizo subterráneo, eso si, como una ruta de escape por aquello de que las cosas se pusiesen difíciles.

En común con muchos castillos galeses, Llangynwyd tiene su dosis de batallas. Fue atacado en 1257 y destruido en 1293. Ahora está en ruinas, como lo están muchos castillos antiguos auténticos, y se ubica en una bonita posición al pie de un pequeño valle con helechos y altos árboles. Y entonces, en 1902 comenzaron las historias de fantasmas. El primero fue una monja espigada, que se veía deambulando por Maesteg, con el semblante solemne y pensativo. Pasaba por los pinos, cruzaba el valle y la fosa del castillo, y flotaba sobre las ruinas como si estuviera caminando sobre algún pasadizo o escalera que ya no existe más. Tras quedar detenida en el punto más alto de las ruinas, se desvanecía.

Una vez que se regaron las noticias, los locales vinieron a ver el fantasma. Algunos pueden haber sido creyentes, pero también hubo algunos cínicos, la mayoría, que esperaba descubrir al farsante. Fue un granjero el que tuvo la oportunidad, al encontrarse cerca de donde la monja pasó, le dejó ir a su perro. Y no pudo creer cuando, a su mirada, la monja se transformó en un conejo colosal "tan grande como una oveja" que aterrorizó al perro y lo hizo correr a su amo. El granjero, un hombre sensible, se rindió; un conejo tan grande como una oveja es algo que se debe evitar.

Otros presuntos cazafantasmas continuaron con la curiosidad. Uno vio a la monja con todos sus sentidos, "rascando" las ruinas con sus manos desnudas, probablemente buscando el tesoro, algo reraro para que esté haciendo una fantasma. Probablemente el mismo vigilante es el que haya reunido a sus amigos pues, brevemente después, un grupo de hombres rodeó el castillo y lo escalaron. La monja estaba allí, pero al acercárseles los hombres, de nuevo se convirtió en una liebre, que se escurrió entre ellos para escapar.

Es bien sabido que las brujas tienen el poder de convertirse en liebres, por lo que ¿habrá una conexión? Ya sea el fantasma genuino o ficción, el castillo Llangynwyd, como la aldea,vale la pena de visitar.

## 12

## ISLAS ENCANTADAS

Probablemente la región más mágica de Gales es su linea costera y las islas cercanas. Cada uno de esos trozos de tierra tiene su dosis de raras historias, leyendas y mitos. Algunas son creíbles, otras menos y, de las otras, uno sólo puede sonreír mientras disfruta de la obra del inventor que fabricó un cuento sacado de creencias sombrías y folclore susurrado.

Sólo quedar parado en la costa occidental de Gales, viendo al mar, es como para experimentar lo que es la belleza. Incluso en el día más tenebroso de todos, cuando los cielos se oscurecen y las olas rompen como truenos contra los acantilados, hay algo especial en este sitio. Gales occidental es como ningún otro lugar, y una razón de ello son sus islas mágicas. No había escuchado nada sobre las Islas Mágicas, hasta que llegué a Pembrokeshire y aún así no las pude ver. Ni siquiera la señora Prichard, con todo su conocimiento de la tradición local, me pudo decir honestamente que había estado allí. Me dijo que su otro nombre era Las

Verdes Praderas del Encanto, y también que sólo los muy afortunados las pueden visitar, y sólo brevemente. No fui uno de ese número; tal vez algún día conoceré alguien que lo haya sido.

En Escocia, en la tierra del Tir-nan-Og, que se dice quedaba en algún punto en el oeste en donde, según la mitología celta, estaba Avalon. Probablemente estas islas cerca de Pembrokeshire son algo como eso, surgiendo con los movimientos de marea o población durante la migración de la era de obscuridad. Me fue dicho, por una persona de mirada solemne, de ojos paches, que la Cabeza de San David es el mejor lugar desde el que se les puede observar. Y mientras que la lluvia caía en mi primera visita y la visibilidad no era mayor de cincuenta yardas, no pude tener mucha suerte.

Según el folclore, algunos de los marineros de antaño de hecho lograron desembarcar en esas islas mágicas pero, una vez habían regresado a sus barcos, las islas se desaparecían como si nunca hubiesen existido. Yo había experimentado eso en las islas de la costa occidental escocesa, cuando se cerraba la espesa niebla, de forma que había una buena razón que no tiene nada que ver con la magia. O tal vez no.

Parece como si estas islas tuvieran propiedades similares a las de los montículos y colinas encantadas que bendicen el campo. Las personas que han logrado desembarcar en ellas experimentan lo que ellos describen como unas pocas horas de delicia, sólo para darse cuenta, cuando se van, que han pasado varios años. Una versión de las muchas leyendas afirma que las islas fueron el hogar de un grupo étnico de muy buena apariencia, conocidos como *Plant Rhys Ddwfn*, que se traduce como "Los niños de Rhys de las profundidades". En una época, este pueblo etéreo se las arregló para navegar al continente para comerciar en los mercados de

Laugharne y Milford Haven. Se veían raramente, excepto por aquellos con el poder de una segunda oportunidad, pero estas personas no explotaban su poder de invisibilidad, y pagaban por todo lo que compraban.

Según la leyenda, estas Islas Mágicas no eran invisibles por naturaleza. Los Niños de Rhys eran increíbles jardineros que cultivaron hierbas especiales, que ocultaron las islas. Las mencionadas hierbas eran virtualmente desconocidas en tierra firme, creciendo únicamente en un área de la Cabeza de San David. Una versión indica que cualquier persona que arrancara o pisara alguna de las hierbas, él o ella lograría ver las islas encantadas. Eso exactamente fue lo que le sucedió a un hombre llamado Gruffydd ab Einion, quien tropezó por error con las hierbas y al día siguiente vio las islas. Zarpó hacia ellas y - no vio nada. Las islas se habían desvanecido. Por un momento, Gruffydd quedó desconsolado, y luego se le ocurrió una idea para ver las islas, por lo que regresó a St David's Head y arrancó algunas.

La táctica funcionó y, a la siguiente vez, Gruffydd navegó hacia las islas y las pudo ver en toda su gloria. Desembarcó y se encontró con que los Niños de Rhys son gente amigable y hospitalaria, aunque le pidieron que devolviese las hierbas que había arrancado. Tan pronto él lo cumplió, le sonrieron y le ofrecieron oro y tesoros para mantenerlo de por vida.

Intenté encontrar esos parches de las hierbas especiales en St David's Head. Cualquiera que me estuviese observando seguramente debe haber estado pensando que soy muy raro, pues andaba caminando de un lado a otro -- e indudablemente tendría razón. De cualquier modo, no hallé las hierbas, aunque de todas maneras no las hubiese podido reconocer aunque las hubiera encontrado. Mejor suerte para la próxima, supongo. No escribiré lo que mi esposa me dijo durante mi búsqueda: algunas cosas es mejor dejarlas sin decir y, de cualquier modo, la gente joven puede estar leyendo este libro.

Una isla en la que es posible desembarcar es Grassholm, que es el hogar de una colonia de alcatraces. Por supuesto, al ser este Gales, en donde todo tiene una historia, este ruidoso terrón tiene una leyenda. Si los ancianos tienen razón, este islote solía ser conocido como Gwales. *El Mabinogion* menciona a Gwales como el sitio en el que se ubicaba la Asamblea de la Cabeza Maravillosa.

Remontándonos a los días precristianos, los dioses de Bretaña y los dioses de Irlanda no eran los mejores amigos. Durante una incursión británica en Irlanda, los dioses irlandeses decapitaron al dios gigante de Bretaña, llamado Bran. A pesar de no tener nada por debajo del cuello, Bran instruyó a sus hombres a llevarlo a Londres y sepultarlo bajo el Monte Blanco, para proteger el país de cualquier invasor. La Asamblea de los Dioses Británicos viajó de regreso a través del Mar de Irlanda hacia Harlech, en donde festejaron por siete años con arpistas tocando bella música y cantantes cantando bellas canciones. Desde Harlech, navegaron a Gwales, que en ese entonces tenía un maravilloso salón. Tal salón tenía tres puertas, pero sólo dos podían ser usadas. La tercera puerta estaba cerrada permanentemente, y Bran ordenó que así debía permanecer. Tras ochenta años de festejar y beber, un dios, Heilyr, hijo de Gwyn, no pudo seguir resistiendo la tentación, y abrió la puerta prohibida. De un solo pasó por ella toda la negatividad del pasado, incluída la muerte de Bran, y todo regresó con todo su poder. Ahora, muy apenados, los dioses británicos dejaron la isla y caminaron a Londres a sepultar la cabeza de Bran. Y allí quedó, hasta que un joven y brillante rey, llamado Arturo, la desenterró siglos después. O eso dice la historia.

Hay un montón de otras islas en las costas de Gales, y una de ellas es Caldey, que puede ser fácilmente visitada, ya que hay un barquito que lo puede llevar a uno desde el continente. Conocida como Cuna del Cristianismo Celta, esta islita de Caldey queda muy cerca de la costa de Tenby en la bahía de Carmarthen. Está alrededor de dos millas al sur del Punto Giltar al lado opuesto de Caldey Sound. Como era común en Gales, una comunidad Cristiana Celta se estableció aquí alrededor del año 540, aunque el nombre de la isla, se dice, proviene de un vikingo llamado Caldeye. Me pregunto cómo se llamaba antes de que llegaran los vikingos. La conexión cristiana fue reforzada en 1113, cuando los monjes Cistercianos arribaron y construyeron un priorato que sobrevivió hasta 1536, cuando Enrique VIII de Gales e Inglaterra se embarcó en su manía de destruir todo lo relacionado con el catolicismo romano. Enrique el Enloquecido debió haber estado en su remolino cuando los monjes regresaron a la isla en 1923. Y, para que Enrique se revuelque en su tumba, ellos continúan aquí.

A despecho de, o tal vez a causa de la santidad de esta isla, tiene una plétora de misterio y leyendas. Por ejemplo, la antigua iglesia de San Illtud que contiene la Roca de Caldey del siglo XI, con una inscripción incompleta de Ogham que, aparentemente, conmemora al hijo de Dunracunas. Me gustaría sonar inteligente y aportar una traducción completa, pero leer a Ogham no estuvo dentro de mis mejores materias en la escuela. También hay una transcripción posterior, en latín:

*Et Singnocr Crusin Illam Fingsi Rogo Omnibu Anmalantibus Ibi Exorent Pro Animae Catuoconi*

Lo que, al parecer, dice: "Y por el signo de la Cruz con el que he moldeado esta roca, pido a todo quien camine por aquí que su oración sea por el alma de Catuocunus".

Si no le parece fascinante la combinación de latín y Ogham en esta iglesita, entonces vea el piso: está hecho de guijarros de la playa, mientras que la aguja está extrañamente retorcida, como una torre de Caldey.

Hubo incluso algunos extraños comportamientos entre los santos, como San Pyr, o Piro, a quien le gustaba su flauta. Un día estaba pasándola tan bien, que cayó entre el pozo, y se ahogó.

Mucho, mucho más tarde, se dice que los piratas solían visitar la islita. Es raro que cuando la gente habla, o escribe sobre piratas, casi nunca piensa en Gales, mientras que Gales le dio al mundo algunos de los más notables. Uno de los más exitosos y famosos, o tal vez infame, de los piratas bucaneros de todos los tiempos, Sir Henry Morgan, era un puro galés. No muchos marineros pudieron forjarse una carrera como la suya, pues de pirata se convirtió en admirante de la Royal Navy y teniente-gobernador de Jamaica. Morgan es mencionado también en la película *Piratas del Caribe* y tiene una marca de ron dedicada a él; probablemente disfrutaría más de la última, pues tiene más fama de ello que de lo demás. Su casa en Penllwyn Manor en Pontllanfraith existe todavía. Henry Morgan es tal vez el más conocido, el más famoso, pero hay otros de igual grado de desagrado haber conocido.

Por ejemplo, estaba Howell Davis, nacido en Milford Haven. Difícilmente se le recuerda, pero en una ocasión en 1719 capturó un barco de esclavos en la costa de Guinea. Uno de los miembros de la tripulación era Little Newcastle, nacido con el nombre de Bartholomew Roberts. Reconocido como un compañero galés, Davis convenció a Roberts de que se volviera pirata y, eventualmente, Roberts ascendió a la fama, o notoriedad, como Barba Negra, o *Barti Ddu*.

Barba Negra era un pirata con reputación de ser altamente organizado, quien barrió el ron de sus barcos, y prohibió mujeres y niños. Las mujeres sólo causaban problemas, y los piratas tenían la misma atracción sexual por los niños, que también podría ser problemático. El primer día de Barba en la piratería se ganó 40,000 moidores y una cruz de diamantes y oro, que llevó hasta el día de su muerte. La cruz brillaba bellamente contra el fondo de su traje de damasco, con el sombrero de plumas en la cabeza. La imagen cristiana continuó cuando intentó persuadir a un sacerdote cautivo de que permaneciera a bordo, como el capellán del barco. Posiblemente muy sensible, el santo rehusó a esta proposición. Tal vez volteó a ver la bandera de Barba Negra y la tomó como cualquier cosa, menos cristiana. Y estaba en lo cierto, pues la bandera era una imagen de Roberts parado sobre dos cráneos, uno marcado como A.B.H. – a Barbadian's Head (la cabeza de un Barbadio - habitante de Barbados) y la otra con A.M.H – a Martinican's Head (la cabeza de un Martinico), probablemente como amenaza a las autoridades de esas islas, quienes habían amonestado a Roberts en el pasado.

Barba posee la reputación de haber capturado a más de 400 naves y, luego, en 721, a la Royal Navy, en la persona del Capitán Chaloner Ogle del HMS *Swallow* quien lo asesinó en la Isla de Parrot, en las costas de Guinea. Extrañamente, sus coterráneos, en vez de estar avergonzados por tener a este malvado prolífico, le erigieron un monumento en su aldea.

Inclusive menos conocido fuera de Gales, está Leekie Porridge. El nombre proviene de una delicia local, una especie de sopa espesa de pollo, avena y puerro. Leekie llegó desde Tenby y en esos días de lealtades emergentes, sirvió con John Paul Jones y regresó a casa, a Tenby. Allí vivió en paz por unos pocos años, hasta que un maestro marinero lo reconoció por los zapatos que vestía. Esos zapatos tenían unas hebillas muy distintivas de plata, y el capitán había sido su propietario hasta que John Paul Jones se las había robado y pasado a Leekie. Las autoridades arrestaron inmediatamente a Leekie y una corte lo sentenció a servir en la Royal Navy, en donde estuvo como contramaestre hasta su baja.

Gales parece haber tenido una relación ambigua con piratas, corsarios, destructores y contrabandistas. En esos tiempos oscuros, los piratas irlandeses y los esclavistas definitivamente tenían aterrorizadas las costas, y los galeses estaban siempre prestos para lidiar con las incursiones vikingas. Mientras que los vikingos conquistaron enormes trozos de lo que es ahora Inglaterra y mucho de Escocia Occidental, los galeses parecen haber sido más exitosos al repeler a los feroces guerreros hacia el norte.

Henry Morgan, el más enigmático de todos los bucaneros, es conocido por haber usado a Caldey como baes, aunque queda a una enorme distancia de navegación hasta su teatro de operaciones en el Caribe. Del corsario escocés-americano John Paul Jones también se ha sospechado que utilizó la isla de Caldey como sede de sus cuarteles generales cuando sus navíos atacaron Fishguard en 1779. Según la leyenda, Jones murió en 1792, y alguien sepultó su cuerpo en un agujero entre las rocas cerca de Ord Point en la isla de Caldey. A pesar de que la historia argumentaría de que Jones fue sepultado en cualquier otro lugar, el folclore insiste en que Jones todavía está en la isla, y puede ser escuchado buscando su tesoro enterrado. Siempre me he preguntado por qué los piratas y los corsarios siempre se metían en tantos problemas concernientes a sus riquezas, y luego, repentinamente, olvidaban en dónde estaban. ¿Por qué no simplemente gastarlas?

También había contrabando, por supuesto, con casas a lo largo de la costa galesa de las que se sospechaba tenían túneles secretos. Solva, en Pembrokeshire, fue célebre en ese aspecto. No era desconocida la destrucción, y mucha gente daba la bienvenida a la bonanza que eso les traía, pasada la tormenta. En el castillo de Wolf, también en Pembrokeshire, se hacía sonar un cuerno cuando un barco era destruido, de forma que los locales pudiesen correr a la costa a recolectar los desechos. En 1791 una embarcación de nombre *Increase of Scarborough* llegó a la costa en el Druidston Haven en la bahía de St Bride. Algunos reportes indican que los locales ayudaron a los sobrevivientes que lograron llegar a la playa, mientras que otras reportan obras un poco más oscuras, como gargantas cortadas y cadáveres robados. De cualquier manera, los saqueadores lograban hallar la bodega de ron y se ponían fuertemente a ingerirlo. Con sus sentidos dormidos por el alcohol, comenzaban a desparramar por todos lados los carriles de pólvora que llevaba el barco como cargo; alguien debía encender su pipa, y entonces -- Bum. Era una forma curiosa para terminar la vida de un saqueador, pero es satisfactorio saber que el barco se defendía. La destrucción y saqueo podrían haber sido buen negocio, muy lucrativo, con algunas casas construídas a lo largo de la costa de Pembrokeshire gracias a las ganancias provenientes de la miseria de otros. Un hombre, George Llewellyn de St Davids, fue famoso localmente al construir un molino de viento de las procedencias de los barcos naufragados.

Se dice que los contrabandistas escondían sus botines en cavernas bajo la catedral de Caldey, la que también tiene su fantasma residente, un monje negro que solía frecuentar el priorato y otras partes de la isla . Lógicamente, una historia se desarrolla en torno a ese monje. Cuando Enrique

VIII estaba destruyendo la estructura del catolicismo romano en Gales e Inglaterra, los monjes de Glastonbury sepultaron desordenadamente su tesoro y se lo entregaron al cuidado de un hombre.

"Pase lo que pase", dijeron, "Asegúrate que Enrique no lo consiga".

El monje juró sobre la Biblia que preferiría morir que permitir que Enrique robara el tesoro de la iglesia. Saliendo de Glastonbury, el monje viajó a Gales, consciente de que los hombres de Enrique lo andaban rastreando, con sus dedos avariciosos y codiciosos listos para tomar todo el oro de la iglesia. Sopesando su tesoro, el monje escapó por el ancho de Gales y tomó una lancha a Caldey. Todo el tiempo lo seguían los hombres de Enrique y, eventualmente, el monje fugitivo escuchó que sus perseguidores estaban a punto de cruzar a su isla. Recordando su voto, el monje se buscó una esquina silenciosa, levantó su última oración, colocó ordenado el tesoro y, lentamente, se emparedó a si mismo, de modo que el codicioso rey no pudiese hallarlo. Murió allí, con fé hasta el final, y se dice que durante ciertas noches, cuando la luna está baja y las olas golpean la playa de guijarros, aquéllos que posean el poder pueden ver un resplandor alrededor del sitio final de descanso del monje.

Lo intenté, por supuesto, y no pude ver ni una sola condenada cosa. Me encaramé sobre una rama, me senté a horcajadas y casi me rompo mi estúpido cuello por andar buscando ese tesoro. El monje se lo puede quedar. Aparentemente, era de más de seis pies de altura, y en ocasiones sale de su tumba antes de ponerse a deambular silente por la isla. Probablemente sale para charlar con sus compadres fantasmales, como la dama blanca o el loco, que también han sido vistos, pero no recientemente.

Finalmente, se pensaba que Caldey era una especie de

casa u hospedaje a medio camino para los muertos. Según la leyenda, cuando la gente moría sus cuerpos eran llevados a Caldey para asegurarse de que sus espíritus no se pusieran a fastidiar a quienes dejaron atrás.

Y no hay una visita completa a las islas de Gales sin un viaje a Bardsey. Su nombre correcto es Ynys Enlli - la isla de las corrientes - lo que es, prácticamente, un topónimo celta común. Los más románticos ven a Ynys Fenlii como venida de un guerrero irlandés, legendario o, mejor dicho, casi mitológico, que invadió y subyugó a Powys. Sin embargo, muchos no-hablantes del galés utilizan la versión anglificada de Bardsey.

Es raro usar la versión inglesa: seguramente la lengua nativa debió haber tenido precaución para que el idioma impuesto tomara posesión de los topónimos, como de todo. No puedo imaginarme a los franceses o italianos usando nombres en inglés para sus islas. Pero eso nos desvía demasiado de nuestro tema, sobre la isla.

Bardsey también es conocida como "La isla de los 20,000 Santos", aunque dudo de que todos ellos hubiesen cabido en la isla al mismo tiempo. Queda a alrededor de dos millas de la península de Llyn en Gwynedd en Gales del Norte. Y como sucede a menudo, el origen del nombre en inglés está en disputa. Algunos dicen que la isla fue nombrada así en honor a un vikingo, mientras que otros sostienen que el nombre significa "Isla de los bardos". Hasta ahora no hay mucho extraño sobre Ynys Enlli, entonces, pero las cosas se ponen interesantes ahora. Esta isla era la propia Iona de Gales, una isla santa con una historia que se extendió a lo largo de miles de años.

Según lo que sucede en la historia, durante los inicios del siglo VI San Cadfan navegó desde Bretaña para fundar la Abadía de Santa María. Para el siglo VII, se dice que hasta 2,500 monjes vivían en este peñasco de islote, y probablemente sus tumbas marcan los 20,000 santos, pues ser sepultado aquí garantiza la salvación eterna. Se dice que durante la edad media la iglesia decía que tres peregrinajes a Ynys Enlli equivalían a uno a Roma, otorgándole a esta isla el apodo de "Roma de Bretaña".

Con tan larga historia religiosa, posiblemente no sea sorprendente que la Ynys Enlli fue alguna vez supuesta de ser Avalon, y es uno de los sitios supuestos de entierro del Rey Arturo. Ynys Enlli es un poco codiciosa pues también reclama ser el último descanso de Merlin. Tan extraño, las historias más coloridas indican que Merlin tiene nueve bardos que lo mantienen acompañado mientras descansa en una torre de cristal con los Trece Tesoros de Bretaña.

No supongo que mucha gente pueda saber lo que son estos trece tesoros. Bien, aquí están, y no en un orden en particular:

La espada de Drnwyn, cuya hoja se convierte en fuego, tan pronto el rey la blande.

El cesto de Gwyddno Garanhir que aumenta su contenido en un factor de cinco.

El cuerno de Bran que se puede rellenar con cualquier cosa que el tenente desee beber. (¡Imaginemos que la próxima vez gana el trofeo de las seis naciones el equipo galés de rugby!)

El carruaje de Morgan el Adinerado, que era probablemente el equivalente celta de la alfombra mágica, pues podía ir a cualquier sitio a altas velocidades.

La brida de Clyno Eiddyn; esta fue una pequeña herramienta, muy útil cuando los caballos eran lo último en transporte. El propietario de la brida sólo tenía que soñar con un caballo, y a la siguiente mañana estaría en sus establos, bellamente enjaezado y listo para cabalgar.

El caldero de Diwrnach, que era un poco selectivo pues sólo hervía el agua de un hombre valiente. Para el pueblo celta, la valentía o era todo.

El cuchillo de Llawfronedd el susurrador de caballos, que cortaba carne como para dos docenas de hombres. Ahora eso sería muy útil para Navidad.

La piedra de afilar de Tudwal Tudglyd, esta roca era usada para afilar la cuchilla de la espada de cualquier guerrero, de forma que siempre mataba, y no dejaba estas heridas no-fatales que todo lo dejan hecho un desastre.

La capa de Padarn Redcoat, que le quedaba a cualquier persona de sangre noble, y a nadie más. Ese es un artículo interesante que le mostraba a todos tanto la naturaleza aristócrata celta, y la importancia del color rojo, lo cual es importante tener en mente al considerar los orígenes del uniforme militar británico.

La Olla de Rhygenydd, que sería una herramienta tremendamente útil, ya que servía la comida que fuera, que fuera deseada por el propietario. Imaginese una gran fiesta sin haber tenido que cocinar.

El tablero de ajedrez de Gwenddolau. Por alguna extraña razón, este juego de ajedrez se jugaba solo.

Finalmente, la sábana de Arturo. Quienquiera que se la pusiera, sería invisible, lo que sería muy útil si la Olla de Rhygenydd hubiera servido comida mal cocida.

Estos artículos podrían parecer extraños ante los estándares de la actualidad, pero revelan la naturaleza de la sociedad celta de Arturo, con su énfasis en artículos de guerra, festejos, de cabalgaduras y nobleza.

Una versión de la leyenda dice que la Dama del Lago encarceló a Merlín en su torre; otra dice que él fue quien escogió su propia inmolación, junto con los nueve bardos.

Como en la mayoría de las leyendas celtas, la historia y

la mitología se entrelazan con la magia y la ficción fantástica. Se ha sugerido que, tras la batalla de Camlann, en donde sea que se haya llevado a cabo, Arturo fue conducido a Morgan le Fay en la Ynys Enlli. Morgan y sus nueve hermanas eran, probablemente, los mismos nueve bardos que acompañaron a Merlin.

Eso es interesante, si no es que también mitológico.

Si Ynys Enlli se equiparara con Avalon, tendríamos que encontrar otra conexión, aparte de la mitología. ¿Y qué de las manzanas? Avalon significa "La Isla de las Manzanas", del galés *afal* o *aballon* que significa manzana. Parece ser que una de las colonias de monjes que vivió en Ynys Enlli cultivó frutas y, después de siglos de incursiones vikingas, piratas, el clima implacable y la disolución de los monasterios, el huerto se fue desapareciendo gradualmente. Sin embargo, en 1998 un agricultor local, de nombre Ian Sturrock, descubrió un manzano ancestral en la isla, junto a la abadía del siglo XIII. Este árbol probó ser único, una variedad no registrada, ahora conocida como la manzana Bardsey.

Bien entonces, en esta isla se cultivaron manzanas. No hay una torre de cristal, a menos que los monjes, que desde hace tiempo se fueron, hayan tenido un invernadero. Merlin, ya sea como druida o como monje con conocimientos sobre hierbas y frutas, podría haberse retirado a tal lugar. Podría haber tomado el hábito del monje. Hay otra conexión entre Merlin y la cueva del ermitaño, otro sitio en donde se dice que fue sepultado Merlin.

En esta rara isla inclusive el faro es raro. El faro de Bardsey, que data de 1821, es distintivo, debido a sus franjas blancas y rojas, y su torre cuadrada, más que la acostumbrada circular.

Finalmente, la isla tuvo su propia linea de reyes.

Supuestamente "Rey" era el título dado al líder de la isla. El último de la línea fue Love Pritchard, quien se ofreció como voluntario para luchar contra el Kaiser en 1914. La Oficina de Guerra pensó que era demasiado anciano a sus 71 años, y rehusó su oferta, por lo que el rey King Love anunció que su reino de Bardsey iba a ser neutral y no participaría en la guerra. Fue uno de los pocos gobernantes sensibles en esa era de carnicería masiva. Su corona aún existe, y se encuentra exhibida en el museo de Bangor.

Desde islas con su propio rey y la torre de cristal de Merlin, a islas con tesoros piratas o que desaparecen, nadie puede negar que las islas de Gales son cualquier cosa menos raras. Cada una es única a su manera, con su propia atmósfera. Cada una vale la visita. Sólo veamos los fantasmas.

## 13

## UNA REUNIÓN DE FANTASMAS

Los fantasmas son cosas raras. Algunas personas creen fervientemente en su existencia, y otros son igualmente escépticos y niegan su existencia, aunque ambos lados siempre están listos para discutir y defender que su opinión es la correcta y que la del otro siempre está totalmente errada. Yo estoy en la línea divisoria en estas discusiones, actuando como árbitro. Este capítulo contiene algunas pequeñas, y presuntamente verídicas, ocurrencias de fantasmas en Gales. Como punto de partida de mis narraciones acostumbradas he intentado implementar algún tipo de orden al colocar cada historia de forma separada, y bajo un propio subtítulo.

### LA SEÑORA PHILLIPS Y SU HIJA

La primera historia es de Swansea en el sur del país, y data de 1897. El siglo XIX presenció muchas oleadas de resurgimiento cristiano, y en una de ellas fue erigida la capilla de

Ebenezer en Swansea. En 1897 dicha capilla estaba ubicada en la calle Skinner y era una de las capillas bautistas más populares y concurridas de todo Gales. Y, de hecho, también era muy sabido de que la gente utilizaba este edificio como punto céntrico del pueblo y como un sitio de reuniones.

Ese año la señora Annie Phillips estaba viviendo a unas cuantas calles de la capilla, junto con su hija adolescente. Como cualquier persona que ha tenido alguna vez adolescentes sabrá, los padres viven en un constante estado de preocupación por la seguridad de sus hijos. Esa situación era mucho mayor en el siglo XIX, cuando el más leve signo de irrespeto podría arruinar por completo la reputación de una jovencita, e incluso su futuro. Es comprensible que la señora Phillips se hubiese puesto nerviosa al llegar la joven Margaret Phillips, tarde de manera regular a casa. Llamando a una amiga, la señora Phillips corrió como tormenta por todas las calles, rumbo a la dirección en donde Margaret le dijo que iba a estar.

Al pasar por la capilla Ebenezer, la Sra. Phillips vio a su hija parada en el pavimento, vistiendo una capa gris larga, que casi tocaba el suelo.

"Hola, hija mía, ya te vienes a la casa", dijo la Sra. Phillips said, tomando fuertemente a su hija por el hombro. Añadió algunas palabras más de consejo maternal antes de halarla hacia ella.

O al menos eso intentó. Puesto que cuando la Sra. Phillips haló, se desvaneció la cabeza de su hija. "justo como una caja de sorpresas" dijo más adelante la Sra. Phillips.

Dándose cuenta de que la cabeza de Margaret estaba pegada con demasiada firmeza a su cuerpo como para desaparecer de tal forma, la Sra. Phillips supo que quien fuera, o lo que fuera esta mujer con capa, no era Margaret.

Cuando la criatura se esfumó y entró por la cerradura de la puerta de la capilla, la Sra. Phillips emitió un pequeño grito, y se afianzó a su compañera, para no caer. La aterrorizada mujer entró a la capilla para llevarse a Margaret. No hay un registro de lo que le dijo la Sra. Phillips a su falsa hija.

Ese particular fantasma se había vuelto a materializar, de nuevo, como una fémina en una túnica larga, y se había dirigido a una chiquilla que visitaba la tumba de algún familiar en el cementerio de la capilla. Cuando la chica gritó y huyó, la fantasma la siguió sigilosamente. La gente local no supo qué debía hacer con este espectro. Muchos farsantes empleaban sábanas blancas largas, y ninguno de ellos podía desaparecer por través de una cerradura. Lógicamente, hubo mucha especulación, con una corazonada general sobre el espíritu de una mujer cuya tumba había sido recientemente saqueada.

Ya fuera un fantasma de verdad o no, la dama en túnica gris parecía querer a la Sra. Phillips, pues se le apareció en una ocasión más adelante. La Sra. Phillips estaba en su casa cuando la escuchó tocando la ventana. Al ver, era la fantasma.

"Ve a la cama, ve a la cama", ordenó la fantasma.

Como galesa y como madre, la Sra. Phillips no tenía la menor intención de permitir que una mujer desconocida le dijera qué hacer.

"Si llego a salir, te daré tu ´Ir a la cama´" dijo la Sra. Phillips.

Eso no le gustó a la fantasma, que abrió ampliamente su boca, mostrando unos dientes puntiagudos, mientras sus ojos parecían arder en llamas.

Eso fue suficiente para la Sra. Phillips. Enfrentarse a un fantasma como caja de sorpresas era una cosa, pero discutir con una aparición fantasmal con dientes afilados y puntiagudos, era otra totalmente distinta. "Nos debió haber visto correr gradas arriba", dijo la Sra. Phillips más adelante.

Nunca hubo una explicación racional para ese fantasma, que parece haber decidido regresar a donde fuera que los fantasmas existan, pues no hay registro de posteriores apariciones.

Algo demasiado raro es que una dama con el mismo apellido, la Sra. Phillips, estuvo involucrada en otro incidente fantasmal. Podría incluso haber sido la misma persona, actuando como un imán para fantasmas en distintas localidades en Gales. En esta ocasión, tanto la Sra. Phillips como su marido, inquilinos de la casa, reportaron raros sucesos en su hogar. Era la primavera de 1899, dos años tras la aventura de Cardiff y esta vez sucedió en el puerto de Burry en Carmarthenshire. Este fantasma en particular parece que gustaba de tocar el piano, hasta ahora pareciendo razonablemente amigable. Vagaba por el salón, abría el piano, lo tocaba y se desvanecía en cualquier momento que aparecían los Sres. Phillips.

También sucedieron otras cosas, con objetos moviéndose por la casa y personas siendo despertadas de forma abrupta a mitad de la noche. El propietario de la casa dijo que no había visto nada y, cuando a la casa se le realizó una profunda limpieza en primavera, el fantasma aprovechó la oportunidad y se desvaneció con el polvo. Sin embargo, seguramente no había ido muy lejos, pues poco tiempo después, obreros de los Copper Works reportaron acontecimientos inusuales. Como sucede con los fantasmas "reales", a diferencia de gente con sábanas blancas, no hubo una explicación lógica. La próxima historia es mejor conocida.

## ABDUCIDO POR UN FANTASMA

Llwynypia es una de las comunidades básicas en el valle de Rhondda Fawr en Gales del Sur. En 1893 pasó por una intensa industrialización, con hileras de casas paralelas al rio y a lo largo de los bordes del valle. Una de estas calles se llamaba Amelia Terrace, con una fila de 20 casas. La número ocho tenía cuatro habitaciones, con un pantry cerca de la puerta trasera. En esta casa vivían el Sr. Dunn (o Downe) de Somerset y también la Sra. Dunn. Y a esta casa vino un fantasma.

Como sucede con los fantasmas, el de Amelia Terrace no era tan terrorífico. Vestía pantalones de piel de topo y lo que aparentaba ser una sábana blanca por sobre sus hombros, lo que suena más como un embuste que como un espíritu de verdad. En su favor, emergía de la nada, y también se desvanecía a su voluntad.

Según el cuento, el fantasma entró a la casa, alzó a la Sra. Dunn y se la llevó. Esta es la historia en las palabras de la Sr. Dunn:

*"Soy la mujer que fue abducida, y soy la que puedo contaros la verdad acerca de ésto. Tengo un montón de testigos que escucharon el ruido, y tenía un montón de compañía en la casa cuando él (el fantasma) me llevó. Le pidieron al alguacil que está asignado para cuidad las casas de la compañía, quien se detiene aquí por las noches para escuchar y ver, si puede, pero esa vez no vino. Yo estaba sentada en una silla junto al fuego con otras tres personas: La Sra. Lewis, la Sra. George y John Samuel. El alguacil estaba afuera.*

*Eran pasadas las ocho de la noche hasta donde puedo decirlo, cuando el fantasma me haló de la silla, hacia él al corredor. Yo tenía miedo, por lo que grité y salté de regreso a*

116

*mi silla. Él aún estaba allí. La Sra. Lewis me dijo que le hablara. Me puse nerviosa al principio, pero tras un rato comencé a hablarle cuando, antes de que pudiera terminar de decir mis palabras, me empujó fuera de la casa y a través del patio y en un armario. Aquí me levantó de la silla, me puso de pie, y señaló la punta del muro. Me dijo en galés que levantara la roca y que tomara lo que estaba bajo ella, y que me debía de ir con él. Eso fue todo lo que me dijo allí.*

*Entonces me bajó a cerca de 200 yardas de la casa. No os puedo decir cómo fue que me sacó de ese armario, porque perdí todo el control. Me encontré a la orilla de otro estanque. Aquí me arrebató lo que tenía en la mano, y lo arrojó al agua. Luego me dijo que yan no iba a molestarme de nuevo. Entonces, esa es la verdad. No soy capaz de realizar mis actividades de antes; no soy la misma mujer que solía ser, y no creo que lo seré. Os puedo dar estos nombres y muchos otros que pueden jurar sobre lo que he mencionado: John Samuel, 9 Amelia Terrace; Sra. Lewis 1 Amelia Terrace, y Sra. George 11 Amelia Terrace.'*

Entonces, eso es todo. Personalmente, veo esta historia como una de las más extrañas que me he encontrado. Al parecer no hay razón para ello. ¿El intruso fue el fantasma? Si fuese así, era un espíritu muy sólido como para levantar a una mujer adulta. Si era un hombre, ¿Para qué pedirle a la Sra. Dunn que hiciera algo que él podía hacer perfectamente? ¿Si todo ésto fue fabricado, cúal es el punto? Esas preguntas quedaron sin responder, y probablemente nunca lo serán.

Hay otra teoría que circuló por la aldea. El visitante había sido, de hecho, un fantasma, el espíritu de un anciano local que había fallecido en el asilo. Había regresado para buscar una bolsa de oro que había ocultado y, una vez lo halló, se dio cuenta que ya no le era útil y lo lanzó lejos.

Cuando circuló la historia, muchos habitantes del pueblo también comenzaron a buscar ese oro.

Piratas, contrabandistas, monjes y, ahora también fantasmas, todos parecen tener una cosa en común: todos pierden su tesoro. Qué raro.

## LA GRANJA ENCANTADA

Esta historia es corta, dulce y simple. Aberdaron se emplaza cerca de la punta de la península de Llyn en Gales del Noroeste. Es una pequeña aldea, rodeada de granjas. Una de esas granjas es Bodwrdda, la cual, en 1889, cultivaba ganado, incluído un toro y dieciséis vacas. Una mañana de verano, tan pronto el amanecer despuntó en el cielo oriental, el vaquero se levantó y arreó a las reses al cobertizo de vacas que se usa para ordeñarlas.

Había entrado al patio de la granja antes de fijarse que el ganado estaba todo desparramado. Aún cansado, comenzó a rodearlos para juntarlos, cuando el toro bajó la cabeza y se abalanzó en su contra; con su cuerno le rompió la camisa y le hizo un corte en la mejilla. Sangrando y golpeado, el vaquero regresó a la granja y reportó el incidente a su patrón. Naturalmente asombrado, el ganadero y su mozo el vaquero arrearon a los animales de regreso al cobertizo, y llamaron a la policía.

"Tenemos un merodeador", reportó a la policía.

Las autoridades policíacas tomaron con seriedad el asunto, y un oficial de seis pies de altura llegó a la granja. Revisaron a todo el rededor, somatando sus cachiporras en la palma de sus manos, pero en vez de hallar un vándalo de carne y hueso, fueron testigos de algo muy misterioso. Tres de las puertas del establo para vacas se abrieron repentinamente, y luego se cerraron de la misma forma, sin nadie presente que lo estuviese realizando. Se repitió el mismo suceso y los policías salieron corriendo, pensando que era un bromista, con un trozo de cordón atado a las puertas. No había nadie, ni siquiera una explicación. Y no sólo eso, pues durante las próximas noches se escucharon sonidos muy extraños. Y luego, todo se detuvo, tan rápida y misteriosamente como comenzó. Espero postales con respuestas...

## LA MONTAÑA EMBRUJADA

En el siglo XIX, parecía que los fantasmas emergían por todo Gales. Los cementerios eran los lugares favoritos, pero también aparecían en calles y casas, canales y minas. Incluso se reportó un fantasma avistado en una montaña.

En la década de los 1870s los mineros del Blaennant Pit en Aberdare eran una apretada multitud. Laboraban largas horas en un trabajo muy peligroso, y no le temían a hombres, ni a Dios, ni al diablo. Pero estaban ya algo nerviosos por trabajar en la Montaña de Merthyr. Había un fantasma en esa colina, o eso se rumoraba. Se aparecía alrededor de la media noche, una buena hora para fantasmear, y residía en una saliente rocosa con vista a las cabañas de los mineros en Blaennant.

Mientras que los hombres estaban ya sea trabajando o durmiendo en sus respectivas camas a esa hora, las mujeres se encontraban muy nerviosas sobre la cosa desconocida y fantasmal que asechaba. Las damas se aseguraron de estar a salvo al cerrar sus puertas y ventanas con llave, en caso de que el fantasma se llegase a materializar en algo más bien substancial que espectral.

En el noviembre de 1877 tres mineros perdieron su tren a Merthyr y comenzaron a caminar, juntos, por la montaña. La noche, por supuesto, estaba obscura y nublada, con ocasionales chubascos, y los tres hombres se apresuraron, esperando detenerse para tomar un refrigerio en la posada de Pleasant View en la cumbre. Aparte del silbido de la lluvia y el grito del viento, los únicos sonidos era el crujido de sus pesadas botas en el suelo, y pequeños ocasionales trozos de conversación.

Al aproximarse los mineros a Blaennant, el cielo se oscureció más que nunca, pero las obras cercanas proveían ocasionales destellos de luz, y las que producían sus linternas. En la temida cornisa, las nubes se dispersaron, la luna salió, y se reveló el fantasma. La mitad inferior era negra, con sus brazos soteniendo su cabeza, blanca, y emitía chillidos mientras movía los brazos hacia adelante y atrás. Los tres rudos mineros se dieron la vuelta y salieron huyendo, con la cosa esa persiguiéndolos. El más joven cayó y se golpeó, quedando inconsciente y despertando luego junto al fuego de una de las cabañas de Blaennant.

"¿Cómo llegué hasta acá?"

"Te trajimos", dijeron sus compañeros.

Eso era en si un acto de valentía. Obviamente, los mineros informaron del incidente y los policías, acosumbrados a bromas de fantasmas, entraron a la fuerza. Barrieron la región auxiliados por los locales para acabar con las preocupaciones de sus mujeres. No encontraron nada. No había rastro del fantasma en blanco y negro y ni huella de su origen. Ese misterio nunca se resolvió, y el espíritu nunca regresó.

## EL FANTASMA GUARDIÁN DE VAYNOR

Vaynor es una aldea a unas pocas millas de Merthyr Tydfil en el parque nacional de Brecon Beacons. En la década de los 1890s, durante un período de intranquilidad industrial, los mineros locales se pusieron en huelga, exigiendo mejores condiciones laborales. Estando ociosos, los manifestantes eran culpados por cualquier avería en el vecindario, de manera que cuando alguien dañó el muro circundante del cementerio de Vaynor, la gente volteó a ver a los mineros.

Cuando un minero de Cwmrhydybedd por casualidad levantó una piedra del muro, ya sea para repararlo o destruirlo, súbitamente apareció un fantasma. Una vez más, el espíritu vestía de blanco y, una vez más, pudo asumir una forma corpórea. Parece como que los fantasmas de Gales tenían ese truco tan útil. El espectro en blanco emitió una profunda voz y preguntó al minero que por qué estaba molestando la morada de los muertos.

Como cosa rara, el minero no aportó una respuesta adecuada, y eso aparentemente molestó al fantasma. Evidentemente potenciado con una fuerza fuera de este mundo, el fantasma agarró al minero y se lo llevó al río cercano. Sosteniéndolo por encima de uno de los estanques más profundos, el fantasma amenazó con lanzarlo y hundirlo hasta que se ahogara, hasta que prometiera mantenerse alejado del cementerio.

Al parecer, el vandalismo se detuvo después de ese suceso. Yo siempre me pregunto qué pasa con esos extraños fantasmas galeses.

## LA SOCIEDAD AMISTOSA DE FANTASMAS

A veces, uno nunca podría llegar a saber lo que un fantasma podría hacer. Algunos eran simplemente aterradores, mientras que otros andaban buscando a la gente que habían dejado atrás. Este cuento habla sobre los segundos. Para fines del siglo XIX, en Bretaña eran comunes las Sociedades de Amistad. Tales sociedades eran para el beneficio mutuo de sus miembros, cada uno contribuyendo con una pequeña suma semanal de forma que, cuando alguien enfermaba o caía en alguna desgracia financiera, sería auxiliado con fondos de la sociedad de amistad. En 1875, un acta gubernamental comenzó a regular tales asociaciones, requiriendo un sistema estricto de regulación y hasta auditoría. Para la década de los 1880s ya existían más de 27,000 Sociedades de Amistad a lo ancho de las islas británicas.

Gales no fue la excepción a la regla, y las sociedades florecieron por todo el país, incluído Pontardawe en el valle de Swansea. Una organización en particular tuvo una regla estricta, de que aunque pagaban los gastos funerarios si cualquiera de los miembros fallecía, no lo harían en el evento de un suicidio.

En el siglo XIX los suicidios eran aterradoramente familiares. Es difícil el hojear cualquier periódico de esa época sin ver la noticia de al menos un suicidio. Eran tan comunes como los fantasmas de Gales. Fue algo desafortunado cuando algún miembro de la Sociedad de Amigos de Pontardawe murió en circunstancias inusuales, pues los oficiales de la organización sospecharon de suicidio.

Cuando los oficiales de la sociedad se rehusaron a pagar los costos funerarios al fallecido, pronto comenzaron a experimentar su ira desde más allá de la tumba. Los oficiales comenzaron a sufrir la furia del difunto desde el domingo después del funeral, cuando se les apareció el fantasma del difunto. Debió haber sido un encuentro excitante el ver al fantasma del fallecido exigiendo la cuota merecida. Y sin que sea sorprendente, el oficial se continuó rehusando, punto en el que el espíritu lo atacó, rompiendo sus ropas por la espalda y persiguiéndolo por la calle, en la que el oficial se había refugiado en un hospicio.

El espíritu agraviado no había terminado, y el martes se

hizo presente en una reunión de la Sociedad, tocando cinco veces la puerta, como era lo acostumbrado por los miembros. Al abrir la puerta los miembros, nadie estaba allí, aunque se escuchó una voz: "pagad a mi esposa el dinero de mi funeral, para que yo pueda descansar".

El salón se vació de prisa, pues los miembros se comenaron a escurrir por todas las puertas laterales. No aparece ninguna conclusión a esta historieta, de forma que es de esperarse que los miembros de la sociedad hicieron lo correcto.

## EL INEXPLICABLE FANTASMA DE DOWLAIS

Dowlais es una aldea industrial cerca de Merthyr Tydfil, la clase de sitio en el que, probablemente, uno no esperaría toparse con un fantasma. Sin embargo, parece ser que los espíritus van y vienen a donde quieren, y cuando se les antoja, espantan en una mina tan fácil como lo hacen en una mansión gótica. En este caso el cementerio de Pant, a unos pocos minutos al norte de Dowlais, fue la escena de este suceso.

Fue durante las cortas noches de verano en mayo de 1890 que se escucharon por primera vez los sonidos. Comenzaron alrededor de las once, tras el ocaso, y mantuvieron despierta a la población local por un buen rato, mientras intentaban vislumbrar qué era lo que estaba sucediendo. Algunos pensaron que sonaba como una "nidada de gansitos" y otros pensaron que era un niño en problemas, o un cachorro. La gente calculó que lo sonidos provenían de cerca de las puertas del cementerio, muy recio al inicio, y gradualmente atenuándose. Por un tiempo no hubo alarma por esos ruidos, hasta que una anciana aseguró saber con precisión lo que era, puesto que ya había escuchado algo parecido cuando vivió en Breconshire. Le dijo a todos que era un grito que siempre precedía a la muerte. Sus palabras aumentaron la incomodidad de la gente de Pant, y de ahí, las cosas empeoraron. Un hombre caminaba pasando por el cementerio de noche y, al aproximarse a las puertas, todo estaba tranquilo y en calma. Vio que algo se movía, y lo que describió como "una jauría de perros" pasó justo a través de los barrotes de la puerta, sin emitir un solo ruido.

Durante unas pocas semanas la gente vivió con aprehensión, y los sonidos en el cementerio cesaron. No hubo muertes inesperadas y no más avistamientos de perros fantasmales.

Esa es la cuestión con los fantasmas galeses. A diferencia de las películas hollywoodenses, es raro que estas historias tengan un final claro. Llegan, espantan, y luego se desvanecen sin explicación y, a menudo, sin razón aparente. Los fantasmas son algo muy raro, dicho tal cual.

## 14

## ¿ESTÁ EL CALIZ SAGRADO EN GALES?

EL rey Arturo es una de las figuras literarias más famosas del mundo. Ha habido numerosos libros y películas que representan a este rey semilegendario, con un completo equipo de leyendas, historias y teorías. Pudo haber operado en Escocia o en Gales; pudo haber luchado contra los entrometidos sajones; pudo haber hecho ésto o lo otro. Su compinche Lancelot es también bien conocido, asi como su floja esposa, Guinevere. Una leyenda que ha durado mucho tiempo rodea a los Caballeros de la Mesa Redonda y su búsqueda del Cáliz sagrado.

¿Que era, o es, el Cáliz sagrado? Bien, incluso eso está en polémica. Algunos dicen que fue la copa que Cristo usó durante la Última Cena antes de Su traición, mientras que otros opinan que fue el contenedor en el que fue recolectada Su sangre luego de la crucifixión. Una versión afirma que José de Arimatea llevó el Cáliz a Glastonbury en Inglaterra, y fundó allí una abadía, durante el siglo I, ya sea inmediatamente antes de la invasión romana, o poco después.

Me pregunto qué pensarían sobre eso los druidas celtas. Las leyendas continuaron; los caballeros templarios, de alguna forma, tomaron posesión del Cáliz y, en 1398, Sinclair - o San Clair - de Roslin en Escocia lo llevó a lo que es ahora Nova Scotia. Como una versión alternativa, el Cáliz fue almacenado en Chalice Well en Glastonbury.

Lógicamente, con tal historia tan poco sistemática, muchos artefactos podrían ser tomados como el Cáliz, y uno de ellos está seguro en Gales.

Y no sólo en Gales, sino que exhibido públicamente, y puede ser observado por cualquiera que lo desee: ¿qué tan raro es eso? Es un enorme signo positivo para Gales el poseer, probablemente, uno de los más grandes tesoros del mundo, con un fácil acceso por el público. Este fantástico objero se encuentra exhibido en la Biblioteca Nacional de Gales, en Aberystwyth.

Desafortunadamente no queda mucho de ese Cáliz galés en particular; el objeto también es conocido como "La copa de Nanteos" y, según expertos, consiste en los restos de una copa o tazón medieval. La copa de Nanteos fue conservada durante el siglo XII en la abadía Cistercian Strata Florida en Pontrhydfendigaid en Ceredigion por un tiempo indeterminado de tiempo. Cuando el rey de Gales e Inglaterra, Enrique VIII, decidió cambiar el credo en su reino para poder intercambiar esposas, disolvió los monasterios. Fue probablemente la revolución social y religiosa más significativa en Gales que, por siglos, transformó el país. Una de las abadías clausuradas en esta época fue Strata Florida.

Según la leyenda, que puede ser razonablemente precisa, cuando la abadía de Strata Florida fue disuelta, siete de los monjes se tomaron el Cáliz y corrieron. No seguros de a dónde ir en este tiempo de gran riesgo para cualquier monje católico romano, tocaron a la puerta de la

Casa Nanteos, cerca de Aberystwyth, y pidieron asilo. La familia los albergó y ellos quedaron allí. Cuando los monjes, eventualmente, murieron, el Cáliz quedó en Nanteos.

Otra versión de la leyenda es de origen inglés, que dice que fue el prior de Glastonbury el que huyó a Nanteos, llevándose consigo todo un séquito de monjes. Cuando el prior se convirtió en el capellán de la familia, los monjes consiguieron trabajo en la finca de ella. Y sólamente hasta que el último de los monjes estuvo en su lecho mortal fue que le dijo a los propietarios de la finca, los Powells, que los monjes se habían llevado el Cáliz con ellos.

Por supuesto que la copa de Nanteos podría no ser el Cáliz. Otras leyendas indican que es un fragmento de la cruz exacta donde Cristo fue crucificado, o meramente un cáliz de comunión de la abadía. De lo que no se duda es el extraño poder que parece tener la copa, o Cáliz. Bien por más de un siglo, la copa de Nanteos ha sido usada para curar a los enfermos. Si alguien creía que al utilizar la copa, o el Cáliz, lo podría ayudar, entregaba un depósito o cualquier bien mueble o inmueble que tuviera, en garantía, y tomaba en préstamo el artefacto que, durante un tiempo, le serviría para beber. Al parecer hubo bastante éxito, pues mucha gente se curó. Sin embargo tenía su revés, pues algunos pacientes, de hecho, carcomieron la madera, supuestamente con la esperanza de que el consumir el material incrementatía la eficiencia de la medicina. Lógicamente, con los pacientes mordiendo la cura, el Cáliz se comenzó a encoger.

La casa de Nanteos también cambió. Fue reconstruida en 1739 como una espléndida mansión Palladiana, para Thomas Powell, el Cardigan MP. Otro de la misma familia, el excéntrico George Powell, cuyo círculo de amigos incluyó al poeta Algernon Charles Swinburne, comenzó a mostrar la copa de Nanteos.

En 1878 la Sociedad Arqueológica de Cambridge exhibió el Cáliz en el Colegio de San David, en Lampeter en Ceredigion. Ahora ya estaba al público abiertamente, su fama se difundió y continuó difundiéndose, particularmente durante la primera década del siglo XX cuando hubo un renovado interés en la mitología europea. Era posible entonces que la asociación comenzara con el Santo Grial. En 1967 la copa dejó Gales cuando los propietarios vendieron Nanteos y se mudaron justo a la frontera de Ross en Wye en Inglaterra, llevándose con ellos el Cáliz. Entonces, en 2014, el desastre golpeó cuando alguien robó el Grial. Estuvo perdido por un año y luego recuperado en 2015. Ahora está a salvo, sea la copa de Nanteos o el Santo Grial, en la Biblioteca Nacional de Gales.

¿Es el Santo Cáliz? Aparentemente no. La copa de Nanteos está hecha de madera de olmo europeo, pero la leyenda dice que el Grial era de madera de olivo. A pesar de ese pequeño detallito, es tendador tenerle esperanza, y creer que tal objeto sacro esté albergándose en Gales, el hogar de tantas leyendas arturianas. Incluso si esta copa no es el Cáliz, sino que un objeto posterior, los poderes que posee aparentan dar una mejor garantía de su eficiencia, de manera que debe ser tratado con respeto, si no con veneración.

La Casa Nanteos, sin embargo, tiene otro aporte a este libro y a la rareza de Gales, en un fantasma de un hombre en capote. Fue visto por última vez tan recientemente como 1984 cuando interrumpió a todo un equipo de filmación. No está solo, pues también hay un jinete fantasma, y dos damas. Muchos de estos espíritus son inofensivos, pero una de las mujeres, se dice, aparece justo antes de la muerte.

¿Lo creemos? ¿Deberíamos creerlo?

## LOS HACHEROS DE PEMBREY

La palabra "destructores" fue una vez una palabra que hacía temblar a los marineros. Esta extremadamente maligna gente frecuentaba las peligrosas costas, engañando a embarcaciones al llevarlas a su autodestrucción por utilizar luces falsas y confundrilas. Los destructores esperarían ahora que la embarcación encallara ahora en las rocas y luego calara, cortando el cuello de todos los supervivientes y robando los cuerpos, asi como saqueando la carga por cualquier cosa que pudiese ser utilizada y vendida. La costa suroccidental de Inglaterra era muy conocida por tales sucesos, pero también hubo un grupo en el sur de Gales.

No lejos de Swansea queda Pembrey en Carmarthenshire, en donde los destructores operaban. Eran conocidos como los 'Gwyr-y-Bwelli Bach', "Gente con pequeños destructores" o también "Pequeños destructores" y eran temidos, justamente, por los marinos que frecuentaban estas costas. Los destructores usaron a los hacheros para despedazar los barcos cuando ya los habían saqueado. Inclusive sin los hacheros, la playa de Cefn Sidan, en la bahía de Carmarthen, era peligrosa. En los días previos al radar, o al sat-nav, o a los radios, cuando los maestros navegantes eran más dependientes de cartas cartográficas y de las estrellas, los navíos arribaban desde las Indias Occidentales, las Indias Orientales o de Norte América, y podían confundir el faro de Lundy y tomarlo como el de Ushant y despedazarse en las costas de Carmarthen.

Las autoridades intentaron hacer lo mejor que pudieron al proteger los barcos con faros, botes salvavidas y boyas marcadoras, pero las luces falsas pueden ser confundidas con faros, los primeros botes salvavidas eran demasiado primitivos y las boyas podían ser movidas o removidas. Los destructores podían contraatacar cualquier movida que realizaran las autoridades, con la ventaja de una carencia total de escrúpulos y conciencia.

Sin embargo, las autoridades pudieron tomar venganza de los destructores. Un hombre particulatmente notable, Will Manney, trabajó para Court Farm en Pembrey. Tenía la reputación de ser un destructor de barcos y un "alfombra de pies" (footpad en inglés) – el término contemporáneo para asaltante. Alrededor de los 1780s, Manney era el terror del área, aterrorizando todo el distrito de Pembrey y también la calle Kidwelly. Cuando fue hallada una anciana asesinada, los vigilantes de la paz sospecharon de Manney pero no pudieron probar nada. La única pista que tenían fue un trozo desgarrado de tela en la mano de la difunta. El magistrado local, John Rees de Cilymaenllwyd, ordenó un cateo en la casa de Manney el Pwll y, cuando nada se halló, le dijo a sus hombres que excavaran en el jardín. Probablemente estaba trabajando basado en informes de algún soplón, pues los excavadores hallaron la capota de Manney, desgarrada y manchada de sangre. Cuando Manney fue a juicio en 1788, un sastre local identificó el capote como propiedad de Manney. El jurado encontró culpable a Manney, y fue colgado en el patíbulo en la montaña Pembrey, lo que indica que, tras la ejecución, su cuerpo fue dejado allí para ser comido por las aves.

Manney no fue ejecutado con dignidad y resignación. Insultó, juró, gritó y pataleó a la multitud, mientras el carro lo dejaba en el patíbulo, peleó con el verdugo, empujó al capellán y murió pataleando y retorciéndose. Antes de que el nudo se apretara alrededor de su cuello, Manney maldijo al magistrado John Reese y a toda su familia. La maldición funcionó. El nieto de Reese, John Hughes Rees, perdió tres de sus hijas. Dos se ahogaron y una cayó mortalmente; ninguna dejó hijos. Gales puede producir su cuota de hombres salvajes y raros.

A pesar de este terrible ejemplo, la destrucción y saqueo continuaron. Un caso particularmente famoso en estas costas fue el de *La Jeune Emma*, que se dirigía a Francia desde la Martinica en noviembre de 1829. Entre los pasajeros se encontraba la joven Adeline Coquelin, la nieta de 12 años de Napoleon Bonaparte, y su padre, el Teniente Coronel Coquelin. Encallado en la playa por falsas señales lumínicas, *La Jeune Emma* pereció. Aquéllos de su tripulación que sobrevivieron al impacto inicial armaron una balsa provisional con cualquier cosa que flotara dentro de los despojos. Algunos miembros de la tripulación se treparon a bordo, sólo para que el furioso mar frustrara la acción. Muchos miembros de la tripulación se ahogaron, con solamente cuatro hombres que lograron llegar a la playa. Presenciando la suerte de la balsa, el resto de sobrevivientes se trepó por los aparejos mientras el mar continuaba golpeando la nave y el casco se comenzaba a romper.

El amanecer trajo algo de alivio cuando la gente decente de la costa vino a ayudar. Rescataron otros dos de la tripulación incluso cuando los destructores se encontraban en pleno saqueo de *La Jeune Emma*. Los destructores saquearon todo el jerez y el café, el ron y el ginger, las especies y el algodón, y todo lo que pudieron utilizar del barco en desintegración. Las autoridades enviaron a la milicia, pero para el tiempo que les tomó llegar, ya no había mucho que guardar, excepto trescientos galones de ron. Los hacheros debieron haberse pateado el trasero entre ellos por haberse perdido tan jugoso botín.

El capitán, junto con el teniente coronel, la joven Alice y cuatro tripulantes, fueron sepultados en el cementerio de San Illtud en Pembrey. El mar reclamó a las otras víctimas, pero regresó muchos cuerpos más, escupiéndolos a la playa, no lejos del lugar de los hechos, para que fueran inhumados en Laugharne. Sólo seis sobrevivieron de una tripulación de diecinueve.

Una de las tumbas en Laugharne se encontró más adelante abierta, y que alguien había profanado ya sea el ataúd o el cuerpo dentro; los robatumbas eran aún más que una plaga a fines de los 1820s. Los profanadores sólo habían dejado la camisa azul del marinero, probablemente porque, en esos tiempos tan raros, la pena por robar ropa era mucho más severa que por robar un cadáver.

En diciembre de 1833 el magistrado local escribió a la oficina matriz sobre el saqueo de embarcaciones en Cefn Sidan. La barcaza de 370 toneladas, *Brothers*, enviada desde Bahia hacia Liverpool había sido destruida en las playas de Cefn Sidan a principios de ese mes, con 15 hombres pereciendo, de los 16 a bordo. El magistrado comentó que: "Lo que en particular me lleva a su Señoría es el casi total saqueo de la embarcación destruida, y su carga, por la gente pueblerina del país".

No era sugerencia entonces de que la gente local había saqueado la embarcación y llevado a encallar, pero el magistrado reportó que: "...al seguir la línea costera, observé números de pueblerinos muy dedicados a cortar fardos de algodón que yacía en grandes cantidades a lo largo de la costa de unas nueve millas de longitud, y llevarlos en bolsas y carretas, etc....la gente .... empecinada en romper en pedazos la embarcación encallada, con sierras, martillos, etc., y cargando la madera, etc, y llevársela en carretas".

El reporte local también estaba numerado, para prevenir el saqueo, y los saqueadores atacaron al magistrado cuando intentó arrestarlos. Ese fue el tercer ataque de destrucción en una sola semana. El magistrado continuó: "estas desventuradas escenas ocurrirán de nuevo, pues los destructores se mantienen frecuentemente en estas costas y al ser yo mismo asaltado esta vez, no se sabe hasta dónde puedan llegar las acciones de la oposición, ya que llegan preparados con hacheros de arma corta, martillos, etc".

El puerto más cercano en la actualidad es Burry Port, con el puerto original que se llama Pembrey Old Harbour. Sin embargo, el área tiene más que hacheros y robatumbas. En el siglo XIX, aquí se manufacturaba pólvora y, durante la segunda guerra mundial, la RAF tuvo aquí un campo aéreo, con el legado usual de aviones estrellándose. Lógicamente, tal historia ha producido una plétora de fantasmas. Algunos dicen que los hacheros aún andan vagando por los bosques, esperando que llegue un barco bien cargado, para engañar para que encalle. Otros han visto la imagen espectral de barcos navegando hacia la costa, tripulados por hombres hace tiempo muertos. También hay unas pocas personas que han visto un aviador de la segunda guerra mundial, completo en su indumentaria, con su casco de aviación, aún defendiendo el país del horror que fue llamado Nazismo. Cada rincón y cada aldea de Gales parecen atraer a sus propios fantasmas. De hecho, toda Gales es un país encantado.

## 16

## UNA COSTA DE MISTERIO Y MITO

Aunque la imagen popular de gales salta desde las montañas de Snowdonia hasta las ciudades costeras y los fosos de canteras, o las casas ordenadas de los valles, hay mucho más en el país. Al igual que los magníficos castillos, también hay 870 millas de línea costera, embebidas en historia, cuentos y leyendas. Muchas de las historias son tan raras como uno las pueda hallar en cualquier lugar de las Islas Británicas.

No es la intención de este librito el cubrir cada milla; esto tomaría un volumen mucho más grande. Yo sólo intenté extraer algunas de las partes que hablan de temas interesantes y extraños. La pregunta no es qué poner, sino que dejar fuera. Para comenzar, ¿qué podemos decir sobre el área alrededor de Bosherston? De nuevo, escribiré este capítulo subdividido en pequeños trozos, separados por subtítulos.

## EL SALTO DE HUNTSMAN

Bosherston es un extraño lugar emplazado en uno de los promontorios de Pembrokeshire. tanto como la posesión de un lago con tres "uñas", es el poblado más cercano a St Govan's Head. Ahora, mucha gente en Bretaña identificará a Govan con Glasgow en Escocia, pero este Govan es puro Gales, y totalmente fascinante.

Gales está atestado de poblados con topónimos de santos, y algunos de estos devotos hombres y mujeres merecen el estado de santidad, gracias a las vidas que llevaron y la ineccesibilidad de los hogares que escogieron. San Govan no es la excepción. Un día estaba afuera en un paseo contemplativo, cuando apareció a su vista una embarcación repleta de piratas ladrones. Remontándonos al San Govan del siglo VI, estos piratas serían probablemente comerciantes de esclavos de Irlanda, de la misma clase de caballeros que capturaron a San Patricio. Bien, Govan no tenía ningún deseo de ser un esclavo en Irlanda, de modo que huyó. Al estar en la Gracia de Dios, las rocas se abrieron, y luego se cerraron tras de si, ocultándolo de los predadores. Cuando partieron los piratas, las rocas se abrieron de nuevo, y Govan decidió permanecer en el área para convertir a los paganos. Eventos tan peculiares parecen haber sido bastante recurrentes en el antiguo Gales.

Sin embargo, los piratas no habían acabado con Govan. Retornaron y, furtivamente, robaron la campana de plata en la capilla de Govan. Una vez más intervinieron las fuerzas Divinas y los ángeles recuperaron la campana y es más, pues hicieron que su poder sonoro se incrementara por cien, de forma que el mensaje de Govan llegara a más personas.

La diminuta capilla de San Govan, de doce pies por veinte, está a medio camino cuesta abajo hacia el acantilado costero, con un conjunto de escalones que no son para el de corazón débil, especialmente en un día ventosos. Esta capilla en particular no es la original. De hecho, es bastante moderna, y data de alrededor del siglo XIII; setecientos años o algo así tras la partida de Govan de Gales hacia un tipo de cielo más etéreo. Hay otra leyenda que indica que una de las campanas de San Govan está incrustada en la roca, pero si uno golpea con los nudillos en el peñasco, la campana doblará. Otras leyendas narran que hay distintos tipos de escalones cuando se baja hacia la capilla en vez de subir a ella, y que el nombre de Govan es realmente de Sir Gawain, un caballero de la mesa redonda que se retiró aquí luego del deceso del rey Arturo. Gales posee una plétora de estas leyendas entrelazadas.

La mención de la campana de San Govan nos trae a la mente la catedral de San David en Whitesand Bay. La historia es similar, excepto porque en vez de los piratas ladrones de ese entonces, fue el mismo diablo quien escuchó las melódicas campanas de la iglesia llamando a la gente a Cristo, de forma que reclutó a un escuadrón de demonios para robarlas. Los diablos se pasearon por los alrededores, luciendo como hombres. Escucharon las campanas de la iglesia, se escurrieron para extraerlas y sacarlas al mar, y las arrojaron en él, emitiendo carcajadas... como demonios. Sin embargo, el poder de Dios puede sobrepasar las fuerzas demoníacas y las campanas aún suenan. Antes de una tormenta suenan para advertir a los marineros de una tormenta venidera -- según la leyenda. Tenemos espacio para una última leyenda de campanas doblando antes de cambiarnos a otros temas. El estuario en Ferryside tiene una aldea perdida bajo el agua. Si Usted lo duda, vaya al borde del agua en un domingo tranquilo y escuche el sonido de la campana de la iglesia.

Nos encontraremos con otras aldeas perdidas más adelante.

No lejos de la capilla de Govan está el precipicio de 120 pies de profundidad, llamado El Salto de Huntsman, que es ahora un buen punto de aventura para la escalada de riscos. Este precipicio, sólo por si mismo, es increiblemente impresionante, una grieta que va desde la punta de la montaña directo al mar, a menudo en ebullición. La extraña historia del cazador (Huntsman) vale la pena contarla.

Según la historia, un grupo de hombres estaba persiguiendo a un jinete solitario, probablemente incluso un cazador. Nunca logré averiguar quién o por qué estaba siendo perseguido, pero alcanzó el precipicio, hincó espuelas a su caballo y saltó a través de él. Tocó el lado más lejano, tomó una profunda aspiración y volteó a ver hacia atrás y abajo, abajo ,y abajo. La vista de la enorme grieta y el turbulento mar debajo fueron mucho para él, y murió de miedo.

Si piratas, santos y el temerario jinete no son suficiente, echemos un vistazo al mar. Si Usted es afortunado, puede emular a un granjero llamado Harry Reynolds. En 1782 andaba caminando solo cerca de Linney Head cuando vio un tritón. Harry se apresuró de regreso a casa, a contarle a sus amigos y regresar a mostrárselos pero, al retornar, ya se había ido el tritón, y asi también, probablemente, se había esfumado también su credibilidad.

## LA MALDICIÓN DE LA SIRENA

Hubo otro avistamiento de una sirena en Stumble Head. Según la historia, hace muchos años un granjero andaba caminando rápido por la playa cuando se topó con una sirena que estaba durmiendo la siesta justo debajo de la marca de marea baja. Ahora, las sirenas, como todos saben, son criaturas malignas con extraños poderes y el granjero pensó que podía capturarla y utilizar sus poderes para hacerse tremendamente rico. Aún mejor, si podía preñarla, sus hijos estarían dotados en formas que no podía ni imaginar. La tentación fue arrolladora y se colocó cautelosamente detrás de la criatura durmiente y la envolvió entre sus brazos.

La pobre sirena gritó de horror al encontrarse atrapada por este enorme hombre peludo, pero era demasiado tarde. Levantándola, el granjero se llevó a la aterrorizada criaturita a la granja Treseissyllt, ignorando sus gritos de auxilio y sus lágrimas que eran más saladas que el mar. Una vez en la casa de la granja, el granjero encerró a la desgraciada sirena en una pequeña habitación sin vista al mar y sin posibilidad de escape. Y para asegurarse doblemente, ató a la sirena fuertemente y sonrió a su presa.

"Ahora me perteneces", dijo el granjero. "Y me harás rico".

¿Entonces, Qué haría una pobre sirena en tales circunstancias? Bien, una sirena galesa cantaría. Toda la noche cantó la sirena, con su voz invocando el lento silencio de las olas y el misterio de los largos horizontes y corrientes ocultas de su hogar. En la oscuridad previa al amanecer, mientras el granjero intentaba bloquear el melancólico canto en su cabeza, escuchó a alguien afuera de su casa. Escuchó el siseo de susurros y el escurrir amortiguado en el pasto, y un golpeteo de nudillos - o tal vez aletas - en su ventana.

"¿Quién está allí?" Se sentó el granjero en la cama, deseando haber tenido la precaución de haber dejado un arma en su dormitorio.

La única respuesta fue un repentino ventarrón que hizo temblar todas las ventanas y rompió todas las puertas de la casa. Levantándose temeroso, el granjero corrió a la prisión de la sirena. Se había ido, con los lazos con los que la había atado todos rotos y desparramados sobre el suelo. El granjero corrió afuera y a la playa, sólo para ver unas sombras de sirenas deslizándose entre la mar.

Antes de sumergirse en el mar por última vez, la sirena se volteó. Sabiendo que el granjero había buscado tener niños con ella, gritó "ni un hijo deberá nacer en tu casa por generaciones."

Su maldición funcionó, pues por siglos ni un bebé nació en Treseissyllt. Sin embargo, en la actualidad todo está perdonado, pues la granja es un sitio para acampar ahora y sus propietarios son mucho más amigables.

Aunque las sirenas no son tan comunes en las costas galesas como lo han sido en cualquier otro lugar, hay otras historias relativas a ellas. En el mar frente a los acantilados cerca de Aberystwyth, en 1826 una docena de personas pudo observar a una sirena bañándose con la cola enrollada en torno a si. No estoy muy seguro del por qué una sirena tenga que bañarse, puesto que vive dentro del agua, pero a lo mejor esta era una sirena rara.

Una última historia de sirenas proviene de Conway. La bahía de Conway es el sitio del palacio de Llys Helig. Los propietarios del palacio eran personas extremadamente desagradables, de manera que Dios, haciendo justicia, hundió el palacio en el mar. En el pasado, la gente pensaba que podía ver las ruinas del palacio al estar la marea baja pero, desafortunadamente, esto no es verdad pues lo único que se ve son rocas naturales. Sin embargo, la historia de la sirena sí puede ser real. Una pobre sirena salió a la playa y se echó sobre las rocas, suplicando auxilio. Al no asistir nadie a ayudarla, regresó al agua, maldiciendo al pueblo de Conway. ¡Es mejor no meterse con una sirena de Gales!

## LA TIERRA PERDIDA EN LA BAHÍA DE CARDIGAN

Si uno observa un mapa de Gales, el país parece como una enorme boca, con las mandíbulas abiertas hacia el oeste. El hueco en la boca abierta es la bahía de Cardigan, que da cara a Irlanda como si los amenazantes invasores y piratas llegaran a través del mar para ser comidos por el dragón galés. Ese puede ser un concepto muy inventivo, pero no más extraño que la leyenda de la tierra perdida en la Bahía Cardigan.

Hace muchos siglos hubo una tierra muy fértil en los confines de la bahía Cardigan. Era conocida como *Cantre's Gwaelod* – el nombre podría significar "cien de la región baja". Esta tierra fue una planicie fértil hasta el siglo VI AD cuando el mar se metió y ahogó la tierra y todo lo que ésta contenía. Este territorio sumergido, se dice, se extendía de la isla Bardsey al norte y al poblado de Cardigan en el sur. Contenía dieciséis "ciudades de hadas", o colonias, como una serie de terraplenes y compuertas que llevaban de regreso al mar. La historia decía que un hombre llamado Seithenym, el mayordomo de Gwyddno Garanhir (Gwyddno el de las piernas largas), estaba a cargo de las mencionadas compuertas. Cuando un día se emborrachó Seithenym, y no cerró las compuertas a tiempo, el mar se metió de forma violenta. Ese fue el fin de Cantre's Gwaelod.

La Sra Aelwen Prichard me dio una versión ligeramente distinta de esa historia. Me llevó a la linea costera y me señaló varios puntos en tierra y mar. Según la Sra Prichard, el portero era Seitheuyn y no Seithenym, y era el príncipe de esa tierra. La Sra Prichard insistió en que las dieciséis ciudades eran las más grandes de Gales, excepto por Caerlon-on-Usk y tras la inundación casi bíblica, los seis hijos de

Seitheuyn, incluído un joven llamado Tudno, todos ingresaron al colegio en Bangor. Tudno, más adelante, se convirtió en el santo patrono de Llandudno.

Desenredar el mito del folclore es algo totalmente imposible en Gales, y es parte del extraño encanto de este país. Según el sitio en la red de la iglesia de San Tudno en Llandudno, el joven Tudno ingresó al monasterio de *Bangor is y Coed* en el siglo VI y más adelante llevó el mensaje de Cristo a Llandudno, de manera que la señora Prichard si sabe de qué está hablando. El website también confirmó de que Tudno era el hijo de Seitheuyn (mantengo la ortografía de la Sra. Prichard) y añade que el portero era el hijo de Seithyn Seidi, rey de Dyfed.

Y justo cuando me estaba poniendo cómodo con esa leyenda, la Sra. Prichard agregó otra versión. Tenía una sonrisa maliciosa en su rostro cuando me contó que existía la posibilidad de que Seitheuyn no haya sido realmente el guardián de las puertas, sino que otro de los príncipes ubicuos de Gales. Estuvo en Cantre's Gwaelod para cortejar a una deliciosa dama llamada Mererid, quien era realmente la guardiana de las puertas. Seitheuyn y Mererid estaban tan imbibuidos en sus placeres personales, que no se dieron cuenta de la tormenta y dejaron abiertas las compuertas, causando por ello la inundación. Para mi, si no para la Sra. Prichard, suena como una variación de la historia del Jardín del Edén. De hecho, la historia completa puede ser bíblica, con el ahogo de la tierra como una vaga memoria del tiempo del Gran Diluvio. Bien, eso es extraño.

La última era de hielo fue al menos hace 7,000 años, y posiblemente otros 10,000 antes de eso. Sin embargo, cuando las capas de hielo se fundieron, causando inundaciones devastadoras, debió haber alterado demasiado la vida de la gente de ese tiempo. Dado el indudable trauma, las historias podrían haber sido creadas y repetidas de generación en generación, cada una alterandola mientras cambiaba la vida gradualmente.

El registro escrito más antiguo de la leyenda de Cantre's Gwaelod está en el Libro Negro de Carmarthen, que data de 1250, y que incluye el poema *Boddi Maes Gwyddno*, que puede ser traducido como *El ahogo de la tierra de Gwyddno*. Ese poema corresponde a la segunda versión de la leyenda que me narró la Sra. Prichard.

Según la leyenda, cuando el mar está totalmente calmo y el tiempo tranquilo, es posible ver edificios bajo el mar. Esa combinación de buen clima y condiciones de calma no ocurre muy a menudo en las costas occidentales de Gales, por lo que mi consejo es de agarrarse fuertemente a cualquier oportunidad que acontezca, puesto que para la siguiente habrá un largo tiempo.

Me voy a desviar aquí algunas lineas, para poner unos pocos ejemplos de otras extrañas ideas sobre la realeza celta. Si las historias son reales, un rey Galés tenía su propio rascador de pies. Este desafortunado individuo tenía el trabajo de sostener los pies reales durante toda la noche, y de rescarlos. Igualmente para sentir lástima por él, estaba en Yeoman del Cowdung, mientras que el portero del rey tenía el envidiable trabajo de lujo de mantener el registro de entrada de animales sacrificados a las cocinas reales. También podía zamparse cualquier resto de queso tostado que el rey hubiese dejado. A cambio, tenía que buscar paja limpia para la cama real. No existían los colchones de lujo, de plumas, en esos días.

Y de regreso a las tierras desvanecidas.

Hay otra balada, mucho posterior, acerca de las campanas de Aberdovey, que a veces puede ser escuchada sonando en la Bahía de Cardigan cuando las olas golpean las campanas en la torre de una iglesia abandonada de hace tiempo. La versión en idioma inglés de la balada (traducida aquí al español), apareció por primera vez hasta 1785, pero puede ser la traducción de una canción más tradicional. El primer verso de una de las versiones va así:

*Si para mi tan fiel eres*
*Como yo lo soy a ti, cariño*
*Escucharemos una, dos, tres, cuatro, cinco, seis*
*De las campanas de Aberdovey.*
*Escucharemos una, dos, tres, cuatro, cinco, seis*
*Escucharemos una, dos, tres, cuatro, cinco, y seis*
*De las campanas de Aberdovey.*

Un buen número de caminos van hacia dentro de la mar, por la Bahía de Cardigan. El más largo es conocido como Sarn Badrig y se extiende a unas 13 millas de Harlech en Merioneth. También es conocido como El Camino de San Patricio. Otros son Sarn-y-Bwch desde Towyn y Sarn Cynfelyn que se extiende siete millas, directo al norte de Aberystwyth. ¿Pudieron haber construído esas carreteras los primeros humanos? Después de todo, los primeros humanos construyeron el impresionante círculo de Callanish en Lewis y para crear Stonehenge tuvieron que transportar enormes bloques de roca desde Pembrokeshire hasta tan lejos como Wiltshire. Estas carreteras marítimas pudieron haber hecho que surgiera la leyenda de la tierra perdida, pero los geólogos insisten en que no son hechas por el hombre, sino que son puentes submarinos de roca creados por la acumulación de guijarros y rocas derivadas de depósitos glaciales, aunque es posible que el hombre haya añadido alguna que otra piedra en algún momento.

En 1770 William Owen Pughe, un anticuario que creó

el diccionario Inglés-Galés, dijo que había embarcado en un bote por Sarn Cynfelyn y había logrado ver una fortaleza llamada Caer Wyddno, el fuerte de Gwyddno.

*"Navegué sobre las ruinas en un día de mucha calma y por ello, durante unos tres minutos, tuve una clara visión de ellas, y muchas de las rocas parecían ser grandes losas que yacían en confusión"*

Este sitio es el hogar legendario del rey de las tierras sumergidas pero, en favor del romance, las ruinas percibidas también son puramente naturales, siendo un montón de rocas y peñascos colocados allí por la marea.

Sin embargo, los científicos coinciden en que en una época la Bahía de Cardigan era tierra firme, con bosques y probablemente gente, al menos hace unos 7,000 años. Es probable que estos cuentos folclóricos hayan retenido la memoria de estas tierras. Me pregunto si las historias de Lyonesse y Arcadia también provienen, distorsionadas y vagas, de estas tierras tan antiguas. La gente tiende a usar lentes de color rosa cuando recuerdan los "buenos días de antaño", de manera que, probablemente, las tierras sumergidas sean vistas como un paraíso terrenal, una Atlántida llena de sabiduría y manzanos. O tal vez sea precisamente como fue. En Gales, lo raro es lo normal. Después de todo, ¿en dónde más alguien podría erigir una estatua a un fantasma?

## LA ESTATUA DEL FANTASMA

Esto sólo en Gales puede pasar. Las estatuas se crean para conmemorar a personas famosas o eventos importantes. Los reyes y las reinas, generales y escritores, filósofos o deportistas, todos tienen estatuas realizadas en su memoria, pero sólo en Gales puede haber una estatua dedicada a un fantasma.

El Faro de Talacre en Point of Ayr fue construido en 1776, una época cuando los Estados Unidos comenzaban su vida como nación independiente. Está en la costa de Flintshire, protegiendo las rutas marítimas hacia el gran puerto de Liverpool y en 2010 un nuevo residente llegó temporalmente. De siete pies de altura y de acero inoxidable, la figura estaba parada en el balcón, reflejando la luz del sol y mirando abajo, a la playa. El propietario del faro, que ya no funciona, James Mc Allister, erigió esta escultura específicamente para conmemorar al fantasma con quien compartió el balcón. La artista local Angela Smith fue la escultora, usando malla para gallinero para crear la base y luego cubriéndola con cartón formado que un herrero llamado Richard Jones remplazó con acero. Ya mucho de rarezas pero, ¿qué hay del fantasma? Mucha gente afirma haberlo visto, por lo que pueda haber verdad detrás de la leyenda, aunque nadie parece saber la identidad del hombre.

Según la tradición local y un enorme puñado de testigos, el verdadero fantasma está parado en el balcón completamente uniformado y con una capa de marinero colocada limpiamente sobre su cabeza, como demostrando lo orgulloso que está de su trabajo. Y así debe de ser.

El área ha visto un gran comercio marítimo a través de los siglos, desde la guarnición romana en Chester al grupo de ratas que trabajó las embarcaciones desde Boston hasta Liverpool en el siglo XIX y los convoyes del Atlántico del XX. Cuando llegó a toda máquina la revolución industrial en el siglo XVIII, el comercio creció, y surgió el faro en el Point of Ayr, lo más al norte de Gales, para proteger a los barcos que navegaban en el estuario del rio Dee.

Como muchos de los primeros faros, el clima probó ser

demasiado poderoso para la ingeniería de la época y, en 1819, el faro colapsó. La sorprendente estructura de 58 pies de altura lo remplazó y se encuentra aún en la actualidad, con una luz que es visible desde diecinueve millas. Los nombres de los encargados son conocidos por medio de registros censuados, como Samuel Brooks y su familia en 1841. Probablemente uno de estos hombres es el fantasma residente.

Cuando el faro fue remplazado por una nueva versión, fue que comenzaron las historias de fantasmas. La gente reportaba el avistamiento de un hombre en un traje pasado de moda y limpiaba la linterna con mucho afán, lo que era una tarea diaria para los encargados del faro. Las autoridades tomaron nota, sospechando de que alguien se había colado en su propiedad y revisaron el edificio, pero no hallaron a nadie. De hecho, la puerta estaba en llave, con pestillo y candado, de modo que nadie podía haber entrado al faro a limpiar la linterna. Continuaron los avistamientos, que aumentaron reportes de caminantes ocasionales, y que notificaron sentirse enfermos cuando pasaban frente al edificio, mientras que perros y otros animales se rehusaban a hacerlo.

Cuando el edificio fue reocupado como puesto de vigilancia durante la guerra de Hitler, nadie parece haber visto al cuidador fantasma pero, inmediatamente fue abandonado otra vez en 1945, el fantasma regresó. Supuestamente no le gustaba ver vacía su casa. Una vez, la gente vio al hombre en traje de nuevo, y la gente comenzó de nuevo a enfermar al pasar enfrente. Un hombre, Jeffrey Moses, intentó comprar el lugar en 1966, pero alguna enfermedad lo atrapó y murió, tristemente. Los avistamientos continuaron, atrayendo tal atención, que en abril de 2006 todo un batallón de cazafantasmas legó con la más grande parafernalia. Lógicamente, encontraron todo tipo de cosas, con ruidos raros y, cuando sostuvieron una reunión espiritista, el espíritu dijo ser un encargado del faro llamado Raymond, y que había fallecido de una fiebre inexplicable. Otro médium informó que el espíritu se llamaba Daniel o Samuel, y lo había contactado.

Hoy en día está en pie aún este faro, pero la escultura fue desmantelada, de modo que ya ningún gigante de siete pies de altura está observando a la gente que disfruta de la playa. ¿El faro estará embrujado?

Si es así, no está solo. El faro South Stack cerca de Holyhead en Anglesey también está embrujado, aparentemente, por un espíritu de un hombre con el fabuloso nombre de John Jack Jones. Este faro de 1809 tiene una impresionante posición con cerca de 400 escalones desde la isla principal, que llevan a un puente suspendido, de apariencia frágil, que atraviesa un peligroso precipicio en donde las tormentas invernales golpean con una enorme furia. Está abierto a los visitantes, pero es mucho mejor venir en un día calmo, como descubrió John Jack Jones por las malas.

En octubre de 1859 estaba cruzando el puente de hierro hacia el faro, durante una tormenta, y le cayó una roca. Herido de gravedad, intentó entrar al faro, pero el aullido de la tormenta amortiguó sus gritos y quedó afuera durante toda la noche. Falleció tres semanas después. Extrañamente su padre, John Jones, murió en el mismo faro en 1828. Hoy día John Jack Jones puede ser escuchado rascando las ventanas y puertas, aún intentando entrar al edificio.

South Stack tenía una desafortunadamente mala reputación de cuidadores muertos prematuramente. Los primeros dos, James Deans y Hugh Griffiths, no se podían llevar bien, y en ese espacio tan confinado la fricción puede ser peligrosa. Griffiths eventualmente remplazó a Deans como cuidador en jefe, y más adelante se deshizo de su nuevo asistente. Después de ello, llegó John Jones y se quedó allí por 18 años. Cuando murió en 1828, su viuda, Ann Jones, tomó su puesto. Bien, pero eso también es muy raro, el tener a una cuidadora, una mujer, en el Gales del siglo XIX. ¿Pero por qué no? Había vivido en el faro por 15 años y ya se sabía de pe a pa todas las tareas a realizar.

## PALABRAS FINALES

Unas pocas palabras finales antes de que dejemos la costa. Sería imposible decir adiós a la costa Galesa sin mencionar a la serpiente marina que aparece y desaparece cerca de Barmouth en Merioneth. La primera mención registrada del monstruo data de 1805 cuando la criatura atacó una embarcación en el estrecho de Menai. El monstruo, se dice, se había enrollado alrededor de los mástiles del barco, y la tripulación eventualmente lo forzó fuera de borda. Sin embargo, la serpiente era persistente y persiguió al barco por un par de días. Tales avistamientos eran relativamente frecuentes durante el siglo XIX cuando las embarcaciones eran más pequeñas, más lentas y tranquilas, así como más cercanas al agua.

Habiendo dicho eso, esta criatura marina, o sus descendientes, parecen preferir la costa norte de Gales apareciendo en la superficie cerca de Llandudno en 1882 y de nuevo en 1937. En 1971 aparecieron huellas extrañas cerca de Llanaber y cuatro años después, un grupo de chicas pudo ver una criatura con "un largo cuello y una cara cuadrada y una cola larga". No hay explicación.

Ahora bien, nos vamos a una breve explicación sobre un par de buques fantasmas. La embarcación *Le Vainqueur* golpeó estas rocas y naufragó. Su capitán se halló muerto en la playa. Pero este barco es visto a veces dirigiéndose a tierra, mientras que el capitán se muestra como un cadáver erguido. Muchos buques fantasmas parecen haberse aparecido en el pasado distante, lo más reciente siendo finales de la década de 1960s, cuando la gente vio un barco por Abergele. Según la leyenda, este era el barco de Madoc, que aparece y se desaparece. Los guerreros en su interior, se dice que eran totalmente transparentes.

Y tengo algo que añadir finalmente. Gales es una tierra de extrañas supersticiones y uno se centra en las rocas de Cereg of Gwyn en Penrhos. En este sitio de clima salvaje, la gente solía ver luces extrañas revoloteando por unos pocos días, o pocas horas, antes de que fuera destruido un barco. Esas luces se conocían como luces de cadáver, y se mostraban previo a una muerte. Cierto o no, la idea es lo suficientemente extraña como para cerrar este capítulo sobre la costa de Gales.

## 17

## GUERREROS DE GALES

He mencionado ya a los casacas rojas galeses en capítulos previos, pues la figura de los casacas rojas británicos fue muy temida por sus enemigos alrededor de todo el mundo. ¿Pero, por qué los soldados británicos vestían casacas rojas? Probablemente porque los soldados galeses del siglo XII vestían casacas rojas.

Gales es bien conocido por sus hombres valientes. Los guerreros galeses mantuvieron en la bahía a las legiones romanas, defendiendo el país contra los invasores anglo-sajones y a menudo también a los normandos los mantuvieron a raya. Durante las guerras anglo-escocesas, miles de galeses pelearon del lado inglés y probaron encontrarse dentro de los más duros oponentes que los escoceses encararon. Los arqueros galeses, indiscutiblemente, ganaron la batalla de Falkirk contra el guerrero de la libertad William Wallace, y la infantería galesa y los arqueros pelearon formidablemente para varios reyes de Gales e Inglaterra en contra de Francia. Cuando un pequeño ejército escocés y

Royalista perdió la batalla de Worcester en contra de las vastamente mayores fuerzas Cromwellianas, se dice en una extraña tradición que un pequeño grupo de montañeses escoceses escapó hasta Dorstone, en donde el topónimo de Scotland Hill los conmemora. Una compañía de galeses, luchando para Cromwell, rodeó a los escoceses pero en vez de enfrentarlos en una batalla abierta, enviaron a sus perros, quienes despedazaron a los fugitivos. Si eso comprueba algo, demuestra que los galeses luchaban con sus cabezas, así como también con sus lanzas y flechas.

¿Qué hacía a los galeses guerreros tan feroces? Gerald de Gales, quien recorrió el país en 1188 para reclutar hombres para la Tercera Cruzada, pensó que lo sabía. Gerald dijo "Los ingleses se afanan por poder, los galeses por libertad; los ingleses luchan por un bien material, los galeses para evitar un desastre".

Gerald también escribió que "La gente de Gales es liviana y ágil ... No sólo los líderes, sino que la nación entera, están entrenados para la guerra. Suenan las trompetas de batalla, y el campesino se apresurará, desde su arado, a tomar sus armas".

Con tales antecedentes, no es sorprendente que los galeses se hayan convertido en tan excelentes guerreros. Las historias de Gales e Inglaterra están inextricablemente enmarañados. Con las guerras inglesas y galesas, normandos invadiendo, un rey galés de Inglaterra y las fronteras en común, difícilmente podría ser de otra manera. Sin embargo, este capítulo no es sobre los combatientes galeses *per se*, sino sobre el lado extraño de los soldados. Nuestra primera mirada es a un guerrero galés que es a menudo desatendido, aunque es quien cambió el curso de la historia de Gales y de Inglaterra.

La historia nos cuenta que Rhys ap Thomas provenía de

Llandeilo en Carmarthenshire. Fue el hombre que resolvió los problemas dinásticos de Inglaterra un día en 1485 cuando, en la batalla de los campos de Bosworth, levantó su hacha y picó en pedacitos al rey Ricardo III. No hay nada raro con respecto a eso; el matar es el oficio de cualquier soldado. Sin embargo, antes de disponer del rey inglés, Rhys tuvo que sobreponerse a un ligero problema. En un momento previo, Rhys había jurado que Enrique no se coronaría sólo "sobre su barriga" (el equivalente en galés a "sobre su cadáver"), y en esos tiempos, cuando uno hace un juramento, es por algo, de forma que Rhys no podía romper su juramento y dejar vivo a Ricardo.

En consecuencia, Rhys viajó a ver al obispo de San David y le pidió que le quitara el juramento. El obispo también era un hombre de honor y le dijo que le era imposible levantar un juramento de ese tipo. El obispo le dijo a Rhys que tenía que usar el método tradicional y permitir que Enrique realmente se parara sobre su barriga. Al principio, Rhys creyó que era una misión imposible pero, eventualmente, pensó en una forma. Cuando Enrique lideró a su ejército a través de Mullock Bridge en Pembrokeshire, Rhys se acostó boca arriba dentro del río, con ello cumpliendo con su juramento al permitirse unirse al ejército de Enrique.

Una vez que Rhys se hubo encargado de Ricardo, el líder Tudor, Enrique y Rhys quedaron como amigos, con Rhys siendo recompensado con varias tierras en Gales del Sur.

Otros soldados galeses tienen sus propios cuentos raros.


## WILLIAM NOTT

Hay una estatua al general Sir William Nott en la plaza Nott en Carmarthen. A diferencia de muchos oficiales victorianos, Nott no provenía de una familia privilegiada, sino que era el hijo de un posadero, habiendo ascendido a general en el ejército hindú y habiendo luchado en la primera guerra en Afganistán. Sin embargo, este pequeño artículo es sólo utilizando al General Nott para acceder a su padre, quien dirigía el Ivy Bush Inn en Carmarthen. Las palabras de Nott a sus clientes merecen ser recordadas: "entra, come, bebe, cásate y págale a Nott*": Los soldados galeses son extrañamente listos, aunque hay ocasiones en los que se visten muy formalmente para la guerra.

*Es un juego de palabras en inglés: las últimas dos, en el idioma original, son "pay Nott", que se escucha como "pay not", y que significa "no pagues"

## ¿QUIÉN PODRÍA LLEVAR UN SOMBRERO DE COPA A LA BATALLA?

Un galés podría, por supuesto. El nombre del Teniente General Sir Thomas Picton es muy bien conocido para cualquier estudiante de la época napoleónica. Fue el galés que dirigió una división de la infantería británica en Waterloo. Sin embargo, tuvo una pintoresca carrera antes de eso. Nacido en Poyston en Pembrokeshire en 1758, se enroló en el ejército a los 15 años de edad y, en 1794 estaba en la base de las Indias Occidentales. Como gobernador de Trinidad fue conocido por su dureza, y había inclusive rumores de tortura, y peor. A pesar de esa reputación, en 1806 una corte lo halló no-culpable de 34 cargos de crueldad y culpable de solo uno, por el cual una apelación lo declaró no-culpable, puesto que la isla, en ese tiempo, estaba bajo el gobierno español, que permitía la tortura.

Picton peleó a lo largo de la guerra peninsular, ganándose la reputación de una disciplina profana, dura y feroz.

En el lado del crédito, lideró desde el frente en las batallas de Busaco, Fuentes de Onoro, Ciudad Rodrigo, Vittoria y Badajoz. Fue declarado Caballero por estos servicios, y herido de bala en la cadera en Quatre Bras, pero se vendó él mismo y mantuvo oculta su herida, de modo que pudo continuar peleando por dos días después, en Waterloo. Algunos reportes dicen que lideraba a sus hombres a la batalla mientras vestía frac negro, y sombrero de copa, mientras otros dicen que era ropa de dormir pero con sombrero de copa. Sus últimos pocos minutos fueron controversiales; algunos reportes indican que una bala de cañón francesa le voló el sombrero, mientras otras dicen que fue uno de sus propios hombres, enfermo por su crueldad, quien le puso una bala de mosquete en la cabeza.

De cualquier manera, sus últimas palabras fueron registradas como: "venid, bribones, pelmazos", a sus hombres. Cuando Wellington se opuso a que ese crudo e insolente hombre fuera inhumado en San Paul, el cuerpo de Picton fue sepultado en una bóveda familiar en Hanover Square, Londres. Más adelante en ese siglo, fue trasladado a San Paul, en Londres, irónicamente cerca del Duque de Wellington. Picton es el único galés sepultado en la Catedral de San Paul y posiblemente el único general que luchó en batalla llevando un sombrero de copa.

## SOLDADOS CANTANTES

Los generales y los señores obtienen gran publicidad. Muchos libros militares, de ficción y no, lidian con la explotación de la grandeza, si no necesariamente la bondad. El soldado galés ordinario, el soldado raso, el del duro vivir, que maldice e insulta a los hombres que llevan el uniforme, toma los mayores riesgos y entra en el combate real, es raramente mencionado. Por ello, he aquí una mención de un hecho raro, tomado del *Western Mail* del 24 de marzo de 1915, cuando la primera guerra mundial estaba en pleno.

En ese día del *Western Mail*, el misionario metodista Mr E. Stanley Jones había sido invitado a dar una lectura sobre "Guerra y Música" a la Sociedad Literaria de Newport. "Donde sea que estén estos galeses, estarán siempre cantando, lucharán hasta el último verso con una canción en los labios, y morirán, si así lo manda el destino, como vivieron: con una canción en sus labios. "

Sus palabras fueron secundadas por un cirujano militar anónimo, quien dijo que las únicas canciones que escuchó en la línea de fuego no eran "del tipo de música de salón", y fueron cantadas por un "famoso regimiento galés, por los hombres que fueron los únicos soldados, hasta donde él sabía, que las cantaron en pedazos".

Hubo otras ocasiones en las que los soldados galeses demostraron su talento musical. El 11vo Regimiento Galés presentó un concierto en el Salón Municipal de Hastings en diciembre de 1914, con violines, cellos, solistas y piano. Al siguiente año, en octubre de 1915, la 114va Brigada Galesa fue reconocida por sus talentos musicales impresionantes, en conjunto con el 13vo Regimiento Galés.

No hay duda de que hubo otras ocasiones, pero estas pocas son más que suficiente para mostrar el raro hábito galés de cantar incluso enmedio de la posiblemente más terrible guerra en la historia. Aquéllos de nosotros quienes hemos alcanzado cierta edad, no dudaremos en recordar la película *Zulu* cuando los guerreros Zulu entonaron una canción en una competencia.

Desafortunadamente, ese incidente no sucedió. En esa batalla de Rorke's Drift, la mayoría de defensores nisiquiera eran galeses. La realidad galesa, en el horror contínuo de la primera guerra mundial, fue más impresionante, conmovedora y un poco rara.

## EL ÁRABE GALÉS

Probablemente mucha gente en el mundo occidental ha escuchado sobre Lawrence de Arabia, ya sea por conocimientos históricos o por la película épica de 1962. Poca gente estará al tanto de que Lawrence era nacido en Gales, con padres escocesa e irlandés, y una rara vida y carrera. Thomas Edward Lawrence nació en agosto de 1888 en Tremadog, Gwynedd, el hijo ilegítimo de Thomas Chapman de Westmeath y Sarah Junner, mitad galesa y mitad escocesa.

Educado en Oxford, en 1910 Lawrence se volvió arqueólogo y trabajó para el Museo Británico, laborando en el norte del Sinaí, y probablemente también preparando terreno para futuras operaciones militares británicas. Habiéndose enrolado en las fuerzas de inteligencia del ejército, Lawrence permaneció en el medio oriente, en donde, en 1916 estableció un enlace con los árabes, en la revuelta árabe que lo llevó a la fama. Con la guerra ganada, Lawrence trabajó en la Oficina del Exterior, pero su esperanza de un estado de Arabia independiente fue destruida cuando Bretaña y Francia escarbaron más adentro del medio oriente, y cada una quería lo suyo. Probablemente esa decepción ayudó a Lawrence a renunciar al puesto que había solicitado en la RAF como aviador ordinario. Falleció en 1935 en un accidente en la carretera, un fin trágico para uno de los personajes y guerreros más icónicos, e indudablemente extraños, de la primera guerra mundial.

## UNA GUERRERA FEMENINA

Si Usted es lo suficientemente afortunado como para visitar el castillo de Kidwelly en Carmarthenshire, busque a Gwenllian. Ella no será capaz de decir mucho, puesto que no sólo es una fantasma, sino que también porque no tiene cabeza. Gwenllian fue una guerrera que luchó contra los normandos. Su nombre completo fue Gwenllian ferch Gruffydd, y vivió desde alrededor del 1100 hasta que los anglo-normandos la asesinaron en 1136. Casada con Gruffydd ap Rhys, el príncipe de Deheubarth, Gwenllian estaba fuertemente involucrada en un levantamiento en contra de los invasores anglo-normandos. Gwenllian fue capturada cerca del castillo de Kidwelly y los anglo-normandos la decapitaron.

¿Entonces qué hay de raro con esta guerrera? Además del hecho de que fue la única mujer de Gales que se sabe dirigió un ejército galés, hay un riachuelo que lleva su nombre. Vino a ser en donde los normandos la ejecutaron. El aspecto más raro es que ella no es tan conocida. Su fantasma permaneció en el castillo de Kidwelly pero, según la leyenda, dejó de espantar cuando alguien halló la cabeza y la sepultó cerca del cuerpo, aunque hace no mucho tiempo alguien reportó haberla visto.

No hay dudas de que los guerreros galeses, asi como los soldados, estuvieron entre los más valientes y más hábiles de cualquier otro lugar. ¿Habrán sido extraños? Usted decida.

---

## 18

# EXTRAÑOS CASTILLOS ENCANTADOS

Gales tiene muchos castillos, probablemente más por milla cuadrada que cualquiera otra de las naciones de Gran Bretaña. Tal plétora de fortificaciones demuestra la turbulenta naturaleza de los habitantes que estaban determinados a resistir a cualquier invasor. Y también nos da muchos edificios atmosféricos para visitantes del mundo de los espíritus, o para coleccionar cuentos extraños. Este capítulo echará un vistazo sólo a un poco de los 600 con la reputación que agraciaron, o alguna vez embellecieron, los paisajes de Gales.

## CARREG CENNEN

Uno de los más interesantes de los castillos galeses es Carreg Cennen en Trapp, cerca de Llandeilo en Carmarthenshire. El sitio de este castillo es increíblemente antiguo, con restos de humanos hallados que datan de hace miles de años. Los historiadores y arqueólogos creen que debió haber habido aquí algún asentamiento de la era de hierro, que duró varios siglos antes de que fuera construido el castillo medieval. Los romanos también han de haber estado aquí; por cierto, han sido halladas algunas de sus monedas en este sitio, aunque la riqueza romana ha de haber sido perdida en un saqueo o pagada al líder local.

Urien Rheged, Señor de Iskennen, se dice que fue uno de los primeros propietarios del Carreg Cennens, mientras que su hijo,Owen, sorpresa, sorpresa, se dice que fue uno de los caballeros del rey Arturo. La conexión arturiana colocaría a estos caballeros alrededor de los siglos V o VI DC, cientos de años antes de que existiese el presente castillo.

Fue alrededor de la década de los 1190s cuando Lord Rhys, Principe de Deheubarth e hijo de Gwenllian ferch Gruffydd construyó el primer castillo "apropiado" aquí, y se cercioró de que permaneciera en manos galesas. En 1248 la desagradable intrusa normanda, Matilda de Braose, estaba ya lista para echar mano al castillo y poder a la Inglaterra Normanda pero, por suerte, su hijo Rhys Fychan lo recuperó. Tras un intercambio loco de control a lo largo del posterior medio siglo, Edward Plantagenet de Inglaterra puso sus manos rapaces en Carreg Cennen y, después de eso, los ingleses quedaron en control.

La posición del castillo de Carreg Cennen es impresionante, con vistas muy lejanas, aunque muchos de los castillos galeses pueden hacerlo también. Sin embargo, en el conjunto completo de Gales, sólamente Carreg Cennen puede tener un pasadizo abovedado y una caverna subterránea. Según la leyenda, durante un sitio, uno de los guardias del castillo fue enviado a traer agua a una fuente en un acantilado cercano. Cuando estaba el hombre en la fuente, el ejército que sitiaba lo halló y lo mató. Aprendiendo de la muerte del soldado, los amos del Carreg Cennen construyeron ese pasadizo para que el castillo nunca se quedara sin agua.

Y siendo éste Gales, hay más historias sobre el suministro de agua al castillo, y dicen que tenía magia propia, y una leyenda que dice que Owain y cincuenta hombres escogidos esperan en las cuevas debajo del castillo. Cuando Gales los necesite más, despertarán y saldrán, ya sea para salvar la nación o para traer paz a todo el mundo. Owain seguramente debe haber sido un gran guerrero en su tiempo. Hay una leyenda adicional de que el agua proviene también de un pozo de los deseos, y si dejas allí tu horquilla u horquillas, tal deseo se puede volver realidad. Es posible que el agua sea sagrada desde mucho antes de que el castillo fuese construido, con leyendas que nos indican que aquí se realizaban rituales sagrados druidas. En Gales, *cualquier cosa* es posible.

## EL CASTILLO ENCANTADO DE CAERPHILLY

El segundo castillo más grande en Bretaña, Caerphilly, no falla en impresionar. Su gran tamaño prueba que el constructor, el anglo-normando Gilbert de Clare, tenía un inmenso respeto por su adversario, el príncipe galés Llewellyn ap Gruffudd. Con una extensión de 30 acres, Caerphilly fue construido para dominar el paisaje de Glamorgan en Gales del sur, y fue el primero en Gales y Bretaña de tener un círculo concéntrico de muros. Atacado a menudo, tiene una historia de batalla y sitio. Una vista bastante rara es la torre inclinada de Caerphilly, un legado del sitio por los hombres de Oliver Cromwell. El cañón de The Roundhead dañó una de las torres en 1648, la cual ha estado tambaleándose como un borracho desde entonces.

Lógicamente, un lugar como este tiene su fantasma y

sus historias. Una leyenda que ha perdurado cuenta sobre el espíritu de la Princesa Alice de la Marche de Angouleme, la sobrina de Enrique II. Alice era una mujer fascinante, sofisticada, adorable y, por supuesto, bella. Desafortunadamente, Alice estaba casada con Gilbert de Clare, quien parecía tener mayor gusto por las artes de la guerra y la lucha que por mantener la compañía de su esposa.

Cansada de ser rechazada por su brutal esposo, Alice comenzó a interesarse en el príncipe galés, Gruffudd of Brithdir, a veces, y probablemente con verdad, llamado Gruffudd "el justo". Esos dos se convirtieron en amantes, pero Alice era una cristiana devota y confesó su pecado - si era lo que era - a un monje. El monje era menos que confiable, rompió su juramento de confidencialidad y le contó a Gilbert de Clare. El señor anglo-normando quedó encolerizado por haber sido engañado, y envió a Alice de vuelta a Francia. Con su esposa fuera del camino, de Clare ordenó a sus hombres que limpiaran las tierras de Gruffudd.

Mientras tanto, el príncipe galés se había enterado del monje que traicionó a su amante. Salió a cazar a traicionero confesor, lo llevó al árbol más cercano y lo colgó allí mismo. El lugar es conocido aún como Ystrad Mynach, el Valle del Monje.

Sin embargo, los hombres de de Clare también eran igualmente adeptos a cazar y colgar. Tras barrer el área, localizaron al desafortunado Gruffudd y lo colgaron, también. En un intento de restregar este triunfo, de Clare envío un jinete a Francia, a que le informara a Alice sobre la muerte de su amante, y sin dudar la narración de los detalles morbosos. Al segundo que ella escuchó la noticia, colapsó y murió. A pesar de que Alice nunca regresó, viva, a Caerphilly, su fantasma si. Cuando la luna está llena, la Dama Alice sale a caminar. Vestida de verde, anda espantando en las murallas del castillo. Algunos dicen que viste de verde para remarcar los celos de su esposo, pero probablemente haya una razón más profunda. El verde es el color mágico y sagrado de lo celtas, y la dama de verde podría ser un espíritu guardián de mucho antes de los tiempos de Lady Alice, un símbolo que, a pesar del éxito de las armas anglo-normandas, el espíritu celta de Gales aún existe, esperando resurgir en fortuna para reclamar la tierra.

## EL CASTILLO DENBIGH

El Castillo Denbigh en Clwyd fue uno de los del "círculo de castillos" de Edward Plantagenet que fueron construidos para circular el diminuto y desafiante Principado de Gales del Norte. Los castillos fueron el acto final de Inglaterra, tras siglos de agresión inglesa y anglo-normanda que habían conquistado a Gales. Ahora una ruina impresionante, Denbigh es el hogar de toda una colección de fantasmas, muchos de los cuales parecen reunirse en la Torre del Trasgo y la tripe caseta de guarda.

La Torre del Trasgo (o del duende) tiene un horrible y obscuro *algo* rondando por ahí, que puede ser por lo que el muchacho que se queda viendo hacia afuera por una de las ventanas se ve tan desconsolado. El chico podría ser el hijo del constructor normando quien, se dice, cayó de la torre. A la gente que anda buscando más drama le parece que el muchacho fue descubierto teniendo una aventura amorosa con la hija de Lord Henry de Lacy, y de Lacy le ordenó lanzarse desde la torre. También está el fantasma de una dama que descuidadamente dejó caer a su bebé al pozo. Se escucha llorando, aparentemente, y posiblemente sí hubo una causa, pues la leyenda dice que el bebé era el hijo del dueño del castillo, Henry de Lacy y no estaría feliz de perder a su hijo y heredero.

Y como éste es Gales, es casi obligatorio el tener un dragón. Un hombre con dieciséis dedos mató a este dragón en especial - y debe haber bastante historia oculta. Me gustaría escuchar el original galés. Finalmente, también está la dama blanca a quien los visitantes pueden encontrarse en varios lugares por los cimientos del castillo, aunque su lugar preferido para espantar es alrededor de la Torre del Trasgo, en donde una niebla blanca la rodea. Hay demasiado en un castillo en ruinas, y es necesario visitarlo, para sentir los espíritus en este edificio. Tengo otro castillo sobre el cual escribir: Ogmore.

## EL TESORO DE OGMORE

Si alguien se sintiera inclinado o fuera lo suficiente afortunado, él o ella podría pasar toda una vida viajando por Gales y excavando para hallar el tesoro escondido. Esta fuente de abundancia en el castillo Ogmore, a pocas millas de Bridgend en Glamorgan, podría ser algo engañoso, sin embargo. Y *Ladi Wen,* la dama blanca, resguarda éste, y la desgracia le acontece a quien intenta encontrarlo. La venganza de la Dama caerá sbre él o ella, así como ya lo hizo sobre cualquiera que hubo intentado decir en dónde está oculto.

Hay una historia detrás de la leyenda, pero no pude hallar información relativa a la identidad de la Dama Blanca. Ordinariamente, la cultura local es algo entusiasta para proveer nombres y detalles para tales historias. En este caso hay un cuento de un hombre anónimo, quien despertó y vio a su lado a la Dama Blanca. La dama lo llevó al castillo de Ogmore y le mostró en dónde podía encontrar una olla de oro, ordenándole tomar sólamente la mitad. Ahora increíblemente rico, el hombre salió del castillo, sólo para regresar más tarde a llevarse el resto del oro, a pesar de las instrucciones de la Dama. Era inevitable que la Dama Blanca lo descubriera llevándose su fortuna de oro. El hombre falleció como un mendigo, pero nunca reveló la ubicación del tesoro. Y esta historieta incompleta finaliza este capítulo de castillos extraños.

## TRADICIONES ANIMALES

En común con muchos pueblos celtas, los galeses mantienen una fuerte afinidad con los animales. Son conocidos por su habilidad para criar ovejas y Gales tiene muchas leyendas en donde se destacan los animales. Por ejemplo, en los antiguos días de reyes y príncipes, los reyes tenían su propio gato, el que tenía el mismo valor que una cabra. El gato debía tener buenos ojos, orejas, colmillos, garras y una cola; debía ser un buen ratonero y no devorar a sus crías. Si alguien mataba un gato, debía pagar una gran multa, que consistía en la suficiente cantidad de trigo que, amontonado, cubriera al gato colgado por la cola y con su nariz tocando el suelo. Ese era un buen montón de grano, y muestra el valor que incluso un rey ponía a su minino.

Naturalmente, los feroces guerreros galeses también tenían animales, aunque principalmente caballos y perros. Inclusive en la actualidad, los regimientos galeses de infantería tienen animales entre sus fuerzas, y ni tanto más que los Fusileros Reales Galeses.

## LA CABRA REAL GALESA

Ahora, el primer batallón, Real Galés, los Fusileros Reales de Gales, tiene una historia tan ilustrativa como cualquier regimiento en el Ejército Británico, lo que indica que es más distinguida que cualquier otra en todo el mundo. Combatieron en la de Boyne y Blenheim, se enfrentaron a los montañeses de Bonny Charlie en Culloden, avanzaron a Minden, derrotaron a los rebeldes en Guildford Court House y se rehusaron a rendirse ante los Colours cuando fueron rodeados por números mucho superiores en Yorktown. Sufrieron el calor de Egipto en 1801, arrasaron en la campaña Peninsular contra Bonaparte, mostraron inmensa galantería combatiendo a los rusos en la de Alma, sudaron y sangraron en los motines Hindúes, marcharon a través de las sabanas africanas entre 1899 y 1901 y se hicieron una reputación inmortal en Francia, Gallipoli y el Medio Oriente, entre 1914 y 1918. Desde Dunkirk hasta el horror en Kohima, los Reales Galeses continuaron batallando en la segunda guerra mundial y, más tarde, en Bosnia.

Esta fue un poco de historia cocida de forma rápida, relativa al 23vo regimiento de Infantería. El 41vo regimiento (el Galés) es igualmente impresionante, pero tendrá que darnos un registro. Este libro no es sobre historia militar. Una forma de escritura que este regimiento conservó, por tradición y el favor de la tradición, es la de *Welch*, en referencia a "Galés", en vez del inglés estándard de "the Royal Welsh" (con una s). De manera que este regimiento, en español, "Reales Galeses", se escribía *Royal Welch* (con c) de Fusileros.

No se sabe cuándo fue que los regimientos galeses comenzaron la tradición de marchar con una cabra. La cabra es parte del regimiento, no tanto una mascota. Se entiende de que la cabra ya había sido establecida como miembro del 24vo de Infantería en 1777, durante la Guerra Revolucionaria Americana, mientras que en 1844 la reina Victoria le otorgó el título de "Real" a una cabra, junto con otro animal de su propio rebaño. Cuando Victoria inició el hato real, las cabras estaban en Windsor; hoy en día el hato real se encuentra en el Parque Zoológico de Whipsnade Animal, y desde aquí es donde los regimientos escogen sus cabras. Si no se puede hallar una cabra accesible en Whipsnade, los hombres salen a cazar alguna de las manadas salvajes de Gales del Norte, en donde parecen preferir las tierras del "Great Orme" que cualquier otro lugar.

En 1855 también llegó una cabra a la asamblea del 41vo regimiento mientras combatían en la guerra de Crimea. Lógicamente que hay leyendas detras de esta cabra de regimiento. La siguiente anécdota parece venir de esa guerra y podría estar relacionada con la 41va de Infantería. Un joven soldado galés estaba de servicio en una noche helada, y un cabrito andaba vagando cerca. El sentinela sintió lástima por la cabrita o, más posible, intentaba comérsela, pero la agarró y metió dentro de su abrigo. Exhausto por el estrés del sitio de Sevastopol, el guardia se quedó dormido. Cuando se aproximó una patrulla rusa, la cabra comenzó a balar muy recio. Los balidos despertaron al sentinela; vio a los rusos y disparó, alertando al resto de la compañía, que se levantaron y persiguieron a la patrulla rusa. Desde ese punto, según una versión de la leyenda, la cabra fue adoptada dentro de las filas del regimiento. Le pregunté su opinión a la Sra Prichard, para ser respondido con que ella nunca había estado en el ejército galés y no sabía nada sobre cabras.

Hay otro cuento, menos conocido, sobre cabras y Crimea. A cierto nivel durante el sitio de Sevastopol, la

23va estaba estacionada cerca de la Legión Francesa. Los Legionnaires eran soldados duros con reputación de rudeza y avance. Un grupo de ellos andaba rondando a los fusileros, se hicieron amigos de la cabra y a su propietario le regalaron cognac. A la siguiente noche regresaron y envenenaron a la cabra.

Consternado por la repentina muerte de uno de los suyos, esa misma tarde los fusileros sepultaron a la cabra con todos los honores militares. Durante la noche, los Legionarios actuaron como robatumbas y recobraron a la cabra.

Probablemente se comieron la carne, pero un hombre indudablemente la desolló y curó la piel, confeccionándose un adorable abrigo de invierno como protección contra el punzante y helado viento. Tan pronto llegó la primavera, el Legionario decidió que ya no necesitaba su preciosa piel de cabra y se la vendió a un oficial británico, según dicen, capitán de la Real Galesa.

Mientras tanto, de vuelta en los cuarteles generales de los fusileros, hubo algo de desconcierto. El regimiento tenía la tradición de que la cabra debía desfilar durante la misa de oficiales en el día de San David. Sin una cabra, esa tradición debía ser archivada. Sin embargo, los fusileros no se iban a rendir y el primero de marzo, fieles a la costumbre, una peluda cabra desfiló hacia la misa, hasta que llegó la hora del brindis real. Tan pronto fue mencionado el nombre de la Reina, la cabra quedó prestando atención y el soldado raso Styles, esplendoroso en un abrigo de piel de cabra y con una cabeza de cabra prendida a su capa, bebió su copa de champaña y regresó a su puesto. Espero que los fusileros aún continúen con la extraña y antigua tradición de tener al más pequeño de los baterías del regimiento, que monte a la cabra en desfile a misa durante el Dia de San David.

Hubo otra baja durante la retirada de Mons en 1914,

cuando falleció la 23va cabra avanzando a toda velocidad justo detrás del horizonte, los fusileros se detuvieron a presentar sus respetos y realizar las exequias de oficio a su cabra. Y mientras los proyeciles de artillería zumbaban por sobre sus cabezas y explotaban en los campos vecinos, los fusileros sepultaron a su cabra, siempre con todos los honores militares, en el cementerio Belga. Aquéllos civiles belgas que no habían huído ya, observaron atónitos, pensando que los galeses eran, de hecho, gente muy rara.

Por tradición, la cabra del primer batallón Real Galés es llamada Billy, la del segundo batallón es Taffy y el nombre de la cabra del tercer batallón es Shenkin. Habiendo dicho eso, parece ser que debe haber un nombre "oficial" para las cabras, puesto que Taffy del regimiento galés, es conocida también como Gwilym Jenkins. Lógicamente, las cabras tienen su propio uniforme, con las del segundo y tercer batallones luciendo un saco verde bien majo con su debido ribete, realzado con la cresta regimental, mientras que la pobre cabra del primer batallón debe andar desnuda, excepto por su propia piel. Algunos ejércitos han de pensar que las cabras de los regimientos son raras; pero en Gales, son esenciales.

A pesar de la enorme importancia de las cabras en Gales, sólo en este país hay una aldea con el nombre de un perro.

## LA MUERTE DE UN FIEL SABUESO

La aldea de Beddgelert en Snowdonia debe ser una de las pocas comunidades, si no la única, en haber sido nombrada en honor a un perro.

El grano de la historia es algo así. Cuando los príncipes de Gales, de antaño, no estaban trabados en alguna batalla, disfrutaban la cacería, de modo que mantenían una jauría de sabuesos. Llywelyn ap Lorwerth, también conocido como Llywelyn "El Grande", no fue la excepción. Vivió en el siglo XII, una época de turbulencia cuando los anglo-normandos intentaban invadir y conquistar el país. El perro favorito de Llywelyn era Gelert, tan fiero como un dragón en tiempos de caza pero, en otros momentos, tan amable como un cordero recién nacido. De hecho, Gelert era tan tierno, que Llywelyn le permitía libre locomoción adentro de la casa, mientras que todos los demás perros se mantenían en la perrera. Llywelyn confiaba tanto en Gelert, que un día se llevó a su esposa a cazar, dejando al perro para que cuidara a su bebé, su hijito recién nacido.

La cacería tuvo éxito, y cuando Llywelyn regresó a casa, feliz y hambriento, Gelert recibió a los cazadores a la puerta de la cabaña de cazadores, pero algo estaba mal. El perro estaba cubierto de sangre. Llywelyn corrió dentro de la choza, deseperado, a revisar cómo estaba su hijo. La cuna estaba boca arriba, con un charco chorreado de sangre debajo, y todas las sábanas en jirones, ensangrentadas.

Gritando de rabia y dolor, Llywelyn blandió su espada y la esgrimió en contra de Gelert, matándolo.

Sólo entonces escuchó un leve sonido proveniente de la cuna. Volvió a sus sentidos y vio a su hijo, aún vivo bajo los cobertores ensangrentados. Junto al bebé había un enorme lobo, con su garganta cortada y sangre en sus colmillos. No le llevó mucho tiempo a Llywelyn armar toda la escena en su mente, y darse cuenta de lo que realmente había sucedido. El lobo había atacado al bebé, y Gelert había matado al lobo en una cruenta lucha, y ahora él había asesinado a su fiel perro. Llywelyn quedó acongojado, sintiendo pena por su pobre perro, su favorito, y lo sepultó cerca, con dos rocas marcando la tumba. La aldea cercana, de nombre Beddge-lert, significa "la tumba de Gelert" en honor al perro muerto.

Es una conmovedora historia de amor, lealtad y traición y, como muchas historias, puede que no sea muy precisa. De hecho, es una completa invención. El "turismo romántico" estuvo de moda a fines del siglo XVIII, promovido por poetas como Wordsworth y Sir Walter Scott. Era muy popular el distrito "The English Lake", así como lo era el escocés Trossachs, ambos afamados por su salvaje paisaje de montañas y agua. Un caballero de nombre David Pritchard, quien dirigía el Goat Inn (La posada de la cabra) en Beddge-lert, esperaba mejorar la industria del turismo en Beddge-lert, de forma que, al parecer, creó la leyenda. No tuvo que alterar el nombre de la aldea, pues en realidad significa "La tumba de Gelert". Sin embargo, en vez de un perro, Gelert, o probablemente Kelert, fue un monje del área.

Cualquiera sea la verdad de esta historia, funcionó. La gente asistió a Beddgelert a ver la tumba del pobre Gelert, y aún lo hacen. Hay una placa que cuenta la historia, aunque es raro que se hubiera requerido tanta mentira, pues la aldea es lo suficientemente bella como para haber necesitado de esa falsa atracción.

Por supuesto, el rey Arturo tiene que aparecerse en toda historia galesa, y tampoco los perros son la excepción. El perro de caza favorito de Arturo era Cavall, y se volvió famoso por la cacería de Twrch Tryth, un tremendo verraco con poderes sobrenaturales. Cavall era un perro tan pode-roso, que cuando cazó a Twrch Tryth dejó una huella profunda de su pata en una roca. Arturo vio la huella y, levantando un montículo de rocas, colocó la que tenía la huella, en la punta. La gente iba a ver este montículo llamado Carn Cabal, y alguien siempre robaba la piedra marcada. Pero eso era inútil, pues por más que hubieran anhelado la huella de Cavall, la roca tenía mente propia y regresaba por voluntad propia al punto de donde había sido tomada.

Mi historia extraña final nos presenta a peces, en vez de animales, y se refiere a eventos acaecidos em Aberdare el miércoles 9 de febrero de 1841. A veces llueve en Gales; tiene que llover, o los rios y lagos se secarían, y las colinas y campos perderían su verdor. Sin embargo, en ese día de febrero la lluvia no consistía de agua, sino de pequeños peces, con el mayor de unas cinco pulgadas de largo. John Lewis, un aserrador, dijo que cayeron entrando por detrás de su nuca y llenando el ala de su sombrero. Los peces llegaron en dos chubascos distintos, y cubrieron un área de unas 80 yardas por 12. El día estaba "extraordinariamente húmedo" y un poco ventoso, pero no con la suficiente fuerza como para levantar un cardumen de peces y sacarlo del mar.

En mayo de 1932 ocurrió un fenómeno similar en el Graaf Reinet en Sudáfrica, cuando una docena de peces cayó del aire. Se responsabilizó a aves que volaban muy alto, lo cual no podría ser el caso de Aberdare. En Chihuahua en Mexico en 1925, una tormenta hizo que llovieran peces que, supuestamente, habían sido succionados del mar por un remolino. ¿Tal vez sucedió algo así en Gales?

Sólo sabemos que es extraño.

## 20

## EL REY ARTURO EN GALES

Yo crecí en Edimburgo, la antigua capital de Escocia, a la sombra de un volcán extinto del Trono de Arturo. De niño escuché la leyenda de que el rey Arturo y sus caballeros dormían abajo, en las colinas, esperando la llamada para ir a salvar al país. La leyenda del rey Arturo se conoce por todo el mundo angloparlante. Hay lugares nombrados en honor a Arturo por toda Bretaña, desde Escocia central hasta el suroeste de Inglaterra, aunque probablemente haya más en Gales que en cualquier otro lugar.

Los sitios arturianos galeses van desde Bosherston Pools en Pembroke, que es el lugar en el que, supuestamente, Arturo recibió su espada Excalibur, hasta una de las varias posibles ubicaciones de su tumba en Coetan Arthur. Incluso hay una edificación a unas pocas millas de Aberdovey, sobre una roca, llamada Carn March Arthur y hecha sobre las herraduras del caballo de Arturo.

Un rápido vistazo al lago en donde Arturo recibió a Excalibur, nos revela ocho posibilidades (indudablemente hay más). El candidato de Bosherston es ahora conocido como "Los estanques del lirio", ubicado no lejos de Pembroke. Otros sitios en Gales que reclaman la presencia antigua de Arturo incluyen a Llyn Llydaw, alrededor de diez millas de Llyn Ogwen en Snowdonia, el cual es otra posibilidad, y Berth Pool cerca de Baschurch. Afuera de Gales hay sitios en Cornwall y en Dumfriesshire en Escocia del Sur, ambas áreas en las que los habitantes nativos serían de casta británica, de la misma que Arturo podría haber sido. También hay un sitio cerca de Glastonbury.

Otros sitios galeses nombrados en honor a Arturo incluyen a la Roca de Arturo en Cefn Bryn en Glamorgan Occidental. La leyenda indica que Arturo aquí fue donde se encontró una roca gigante en el zapato, se la sacó y la lanzó. Los arqueólogos, sin embargo, siempre queriendo arruinar un buen mito con sus hechos tan irritantes, indican que esa roca es más bien un sitio de entierro de la época neolítica.

Hay muchos más sitios, demasiados como para hablar sobre la historia de cada uno, de manera que listaré sólo unos pocos, los que tienen más de algún pequeño punto interesante. Por ejemplo, West Glamorgan tiene a Cefyn Bryn, también conocido como "La Roca de Arturo" o "Arthur's Quoit". Cuando la luna está llena, un hombre en una armadura brillante, se dice, emerge de la roca. ¿Será el mismo Arturo? En Celliwig en Coedkernew hay una cámara mortuoria del Neolítico. Este ancestral lugar, se dice, fue el sitio en el que estuvo la Corte del Rey Arturo, aunque pertenece a una época varios miles de años anterior.

Debajo del Castillo de Chepstow hay una caverna en la que duermen el rey Arturo y sus caballeros. La leyenda indica que, en una ocasión, un hombre los vio allí durmiendo y mejor salió huyendo cuando casi los despierta. Una historia sospechosamente similar se centra en Llyn

Llydaw, en donde un pastor se asomó a una caverna oculta en la que duermen Arturo y los Caballeros. Desafortunadamente, el pastor se tropezó y sonó sin querer una campana, que despertó a los durmientes, y el pastor huyó a toda velocidad. También se dice que Arturo espera entre las cavernas de Craig-y-Ddinas en Pont Nedd Fechan en Mid Glamorgan. Tal vez el espíritu de Arturo pueda ir saltando de sitio en sitio, y ¿por qué no? Era muy activo en vida, entonces ¿por que no también en muerte? Sería muy raro que un hombre de tanta actividad y energía se convierta en un fantasma pasivo.

Hay otra conexión arturiana en Llyn Barfog en Tywyn en donde solía asechar un monstruo, hasta que Arturo lo ahogó. Sin embargo, otras fuentes indican de que no fue Arturo, sino un guerrero llamado Huw Gadarn. Podría ser verdad, pues Arturo estaba muy ocupado en Snowdon dominando a un gigante, que quedó sepultado en un barranco.

Es ya suficiente en cuanto a pequeñas piezas de la tradición arturiana. Estoy seguro de que Usted ya captó la idea de que Gales está repleto de sitios con conexiones arturianas, y que esto lleva a la pregunta: ¿el rey Arturo fue Galés? Lo que nos lleva a otra pregunta: ¿Fue Arturo incluso un rey? En los cuentos arturianos, la mitología, historia y fábula se entreteje un nudo celta tan intrincado que incluso los expertos en la edad media tienen dificultad de desenmarañar. De manera que lo intentaré, aunque enturbiaré más las aguas.

La primera mención del Arturo histórico aparece en el poema épico de Aneurin llamado *Y Gododdin*, el cual aparenta haber sido escrito a principios del siglo VII. *Y Gododdin* es un poema heróico sobre una banda guerrera celta que se reúne en lo que hoy es Edimburgo en Escocia y cabalga al sur para combatir a los invasores sajones o anglos. Con trescientos en las fuerzas, la banda de guerra es derrotada por un número mucho mayor en la batalla de Cattraeth, sitio que algunos historiadores creen que es el actual Catterick en Yorkshire.

El poema loa a muchos de los guerreros por nombre, incluído un hombre que era un bien combatiente "aunque no era Arturo". Esa simple línea sugiere que en el mismo inicio del siglo VII ya era Arturo un héroe tan famoso que no necesitaba de presentación y que incluso guerreros muy valientes palidecían en comparación con él. Ya que *Y Gododdin* fue escrito en lo que ahora es conocido como galés, podemos atrevernos a adivinar que Arturo era de esa misma estirpe, básicamente, eso es, del pueblo celta, británico.

La cuestión - o una de las muchas preguntas sobre Arturo - es a qué parte del mundo pertenecía. Cualquier vistazo a un atlas histórico del período nos mostrará que los pueblos británicos estaban bajo ataque. Para propósitos de esta pequeña discusión, llamo Pueblos Celtas a los de las islas británicas, desde aproximadamente la punta de Escocia, al sur a Kent y al sureste a Cornwall, "Británico". En esa época, al norte del Forth el pueblo era conocido como Pictos, y a través del mar Irlandés, los pueblos eran los irlandes de o Gales. Una vez que los romanos se retiraron, estos pueblos vecinos vieron a los británicos, ahora indefensos, como una presa fácil. Desde el norte, los Pictos atacaron y saquearon. Desde el oeste atacaron los irlandeses, incursionando en busca de esclavos y botín, y a veces se establecieron, y desde el continente europeo, las tribus germanas de los anglos y los sajones fueron quienes atacaron, masacraron y colonizaron.

Asaltados por todos los flancos, los británicos celtas

contraatacaron. Probablemente fue en estos tiempos en los que apareció Arturo, o alguien a quien crónicas posteriores llaman Arturo. Si lo colocamos en un rango de tiempo desde alrededor del 540 hasta alrededor del 590 AD, podríamos ser precisos, o tan precisos como nos lo permite la combinación entre historia y mitología. Estoy consciente de que miles de personas tendrán muchos argumentos para discutir mi afirmación y yo me inclinaré felizmente ante cualquier persona que tenga evidencia firma para probar su punto.

Lo siguiente es el problema de un sitio en específico. Con las leyendas arturianas dispersas tan ampliamente, desde Angus en Escocia al suroeste de Inglaterra, pero todo dentro de los márgenes del área celta-británica, estamos razonablemente seguros de asumir que Arturo era británico, y no picto o de alguna de las tribus anglo sajonas. El sur de Esocia, el Suroeste de Inglaterra y Gales, todos pueden reclamar el ser sitios arturianos, y es probable que todos estén en lo cierto. Tal vez arturo fue el comandante de algún grupo guerrero de combatientes británicos que andaba de un lado a otro, defendiéndose de ataques germanos, pictos o hasta irlandeses. En todo caso, podemos considerar como falsa la petición de Glastonbury, en donde en 1190 los monjes dijeron que habían descubierto los cuerpos de Arturo y su reina Guinevere en la abadía de Glastonbury. Parece ser que nos monjes estaban intentando realizar un truco, esperanzados en atraer peregrinos, o dinero. También es posible de que el Rey Enrique de Inglaterra, bien engranando guerra con los príncipes galeses, apoyó el "descubrimiento" para asegurarse de que ningún galés afirmara ser el Arturo reconstituido para liderar a los galeses celtas en contra de los Ingleses-Normandos.

Hay casi tantas teorías arturianas como hay Caballeros de la Mesa Redonda. Una de las más raras nos sugiere que

Arturo fue el cuñado del mítico Lot, en honor a quien la Escocia Lotiana fue nombrada. Se le agrega la probable conexión con Aurelius Ambrosius, quien fue un oficial romano y podría haber estado involucrado en repeler las incursiones sajonas o anglas desde el continente, y tenemos una increíble complejidad de tradición y mito. Para aclarar un punto, Ambrosius no era un rey, pero lo podemos recordar como un comandante militar dominante en ese tiempo, en una época de mucho estrés - como pudo haber sido Arturo.

Si Arturo pudiese ser identificado como contemporáneo de Loth of Lothian, entonces ¿cómo es que los cuentos sobre Arturo nos llevan a Gales siendo una tierra dominada por los anglos? La tradición galesa nos habla de los *Gwry y Gogledd* – hombres del norte – quienes llegaron desde lo que es ahora el sur de Escocia, expulsando a los colonos irlandeses en Gales, antes de establecerse aquí. Estos hombres del norte podrían haber sido los descendientes de los guerreros que murieron en Cattraeth, moviéndose al sur a lo largo del corredor Cumbriano, o incluso por mar, luego de que el reino anglo de Northumberland se hubiese expandido en las tierras de Loth. Si ocurrió este movimiento, entonces ellos fueron quienes llevaron con ellos más cuentos sobre Arturo, pues se pudieron haber originado en la misma área que *Y Gododdin*, en donde fue escrita esta mención de Arturo.

Hay tantas teorías y una ausencia de evidencia. Aunque no queda duda de que Gales, o el pueblo de Gales se enamoró de las leyendas sobre Arturo. Posiblemente, sólo posiblemente, el rey Arturo habría sido un galés, que peleó en contra de las tribus invasoras anglo-sajonas, y que todas esas historias sean locales. Una destacada historia galesa nos cuenta sobre una batalla en la Ciudad de la legión.

Cuando Nennius escribió su *Historia Brittonum* alrededor del 828 AD, incluyó un listado de las batallas del rey Arturo, sin identificar en dónde se ubicaron. Esa frustrante omisión ha hecho que generaciones de historiadores rechinen sus dientes y propongan teorías salvajes. Una batalla que menciona Nennius es la de la "Ciudad de la Legión". Bien, ese término nos puede indicar más de media docena de sitios en la mitad sur de Bretaña, en donde estuvieron establecidas las legiones romanas. Un contendiente fuerte podría ser Caerleon en Gales del Sur, ahora un suburbio de Newport. Aquí hubo un gran fuerte romano, establecido para intimidar a las tribus nativas, y una colonia relativamente substancial se desarrolló fuera de los muros.

No sabemos cuánta gente ha discutió sobre los cuentos de Arturo en estos primeros días medievales, pero cuando Geoffrey of Monmouth puso canilla en pergamino en la década de los 1130s y escribió su *Historia Regum Britaniae*, agregó a Arturo al salón de la fama. Geoffrey amablemente proveyó lo que creía era la ubicación de la ciudad de la legión: "En Morgannwg, en el rio Usk, no lejos del mar de Severn". Este podría ser Caerleon. Sin embargo, mucho de la obra de Geoffrey es altamente imaginativa, asi como lo que sucedió en la historia de esos días, y lo es aún en muchos casos. Alrededor de medio siglo después de la época de Geoffrey vino el poeta Chretien de Troyes, quien menciona a Camelot, y la coincidencia de nombres con Caerlon le dio al mundo una ubicación para la capital de Arturo. Si el Arturo de la Edad Media estuvo viviendo en un pueblo galés, podría haber sido en el castillo de la Edad de Hierro, en una colina fortificada. ¿Estuvo aquí Arturo? Si tenía su base en Gales, entonces Caerleon habría podido ser un buen lugar, con acceso al mar y una campiña alrededor, apropiada para cultivos agrícolas.

De hecho, algunas leyendas indican que Arturo nunca salió de la ciudad. Se dice que estuvo allí con sus caballeros, esperando adentro de Mynde hasta ser requerido. La gente no puede esperar a interrumpir el descanso del pobre hombre.

Entonces, he aquí mi intento de explicación, entresacado de entre cientos de libros y docenas de mapas, con un poco de análisis y algo de prosa vagabunda. ¿Habrá sido Arturo un galés? Por grupo étnico, ciertamente (si los británicos son un grupo étnico), por ubicación – bien, Gales, como la mayoría de las Islas Británicas, haría un sitio natural para que Arturo se quedase. Dada la oportunidad, ¿no se quedaría allí? Pienso muy en serio que lo haría.

Sin embargo, sería grosero tener un capítulo dedicado a Arturo sin una mención, al menos, de Merlin.

No lejos, en las afueras de Carmarthen, sobre la carretera de Llandeilo, el pasajero puede notar una colina de extraña forma a su mano izquierda. Esta colina es la "Montaña de Merlín" en la que, de acuerdo con la leyenda, vivió ese enigmático tipo, adentro de una caverna debajo. También se dice que Merlin está prisionero entre la montaña, por un conjuro hecho por su amada bruja. También está la roca conocida como "La silla de Merlín", en donde se sentaba contemplando la vista y pensando en profesías. Nadie sabe en dónde está la cueva de Merlín, pero el afortunado aún puede escuchar a Merlin moviéndose adentro de la montaña, haciendo sonar sus cadenas por la frustración.

Esté o no, haya estado o no Merlín allí, su montaña es el lugar de una de las fortificaciones más grandes de la Edad de Hierro en el área, y debe de haber sido un sitio de mucha importancia en la época de los romanos.

También se recuerda a Merlin por la Carreg Myrddyn,

o "La roca de Merlin", un gran peñasco cerca de Carmarthen, un sitio que posee la reputación de ser en donde Merlín ocultó su tesoro. ¿Por qué toda esta gente en el pasado habrá tenido tanta obsesión por ocultar sus tesoros? Eso si que es algo raro. De todas maneras, hay una profesía vinculada a este menhir, que decía que un cuervo había bebido sangre humana de la roca. Los cuervos y las cornejas eran vistas a menudo como aves de mal agüero dentro de la mitología celta, incluso mucho antes del tiempo de los vikingos. En este caso, la historia va con que un día un hombre muy ingenuo estaba cavando al buscar el tesoro de Merlín, y éste cayó sobre él. Un cuervo que andaba de paso vió el cuerpo y bajó a comer, bebiendo su sangre.

¿Verdad o mentira? Una u otra, es una buena historia. Merlín la habría aprobado. Las leyendas, misterio y ubicación de Arturo permanecen sin haber sido demostradas, esperando a un progreso histórico.

## 21

## EL SABER POPULAR DE LOS ÁRBOLES

El galés, en común con otros pueblos celtas, tiene una profunda afinidad con la naturaleza. Su folclore y leyendas extrañas incluyen una enorme cantidad de historias sobre animales. Y también posee algunos mitos sobre árboles. Ya que el capítulo previo se dedicó a Arturo, es lógico que este inicia con el compañero más confiable, y druida, Merlín.

El roble de Merlín.
*Cuando se desplome el Roble de Merlín*
*Caerá también el pueblo de Carmarthen*

Nuchos poblados tienen árboles creciendo en lugares importantes, pero sólo Carmarthen en Gales tuvo un árbol que debía ser protegido para proteger al pueblo de la destrucción. El Roble de Merlín estuvo una vez en una esquina entre la calle Priory y la avenida Oak (avenida del roble), muy cerca del centro de la ciudad.

Según la leyenda, el famoso mago y amigo del rey

Arturo nació en Carmarthen. De hecho, el mero nombre del pueblo, se dice, es derivado de Merlín, o Myrddin, como debe ser escrito correctamente. Cuando Merlín era un joven mozo, le gustaba jugar en ese roble, hasta que se enteró de que una persona malvada planeaba derribarlo. En ese punto, se dice que fue Merlín quien realizó la predicción que incluimos en la introducción de este segmento, aunque hay otras versiones que dicen que si el árbol cae, habrá grandes diluvios. ¿Habrá algo de verdad en esta extraña leyenda? Probablemente no, puesto que historias más sobrias, aunque menos entretenidas, dicen que este árbol fue plantado para celebrar la restauración de Carlos II, tan recientemente como en 1660.

De una forma u otra, para el siglo XVIII el Roble de Merlín era un sitio favorito para la gente, en donde se reunían y chismeaban, lo que enfadaba a la gente de menos inclinación social, de manera que en el cambio de siglo un tipo muy irritado por tales reuniones intentó envenenar al árbol. El Roble de Merlín nunca se recobró, y el pobre anciano murió finalmente en 1858. Desdichados y preocupados por el presagiado colapso del pueblo de Carmarthen, las buenas personas hicieron lo mejor que pudieron para proteger lo que quedaba del Roble de Merlín, con una base de roca y hierros con púas para mantener alejados a vándalos y al público en general de los varios pedazos del árbol en proceso de muerte. Sin embargo, el árbol continuó deteriorándose, y en 1951 cayó una de las ramas. El pueblo de Carmarthen lo preservó en el Museo del Distrito. En 1978 otro vándalo prendió fuego a todo lo que quedaba y el ayuntamiento finalmente removió el tronco medio podrido. Los pocos restos fueron trasladados al Salón Cívico de San Pedro, en la plaza de Nott.

Y entonces el pueblo contuvo el aliento, esperando la

inevitable destrucción que mencionaba la profesía de Merlín. La gente esperó ... y esperó ... y nada pasó. La vida continuó, como antes. No hubo terremotos, volcanes o incursiones vikingas, sino sólo un poco de lluvia galesa. O mejor dicho, un montón de lluvia galesa. Fue como el día de San Swithin, e incluso Noé habría sido aprehensivo. El rio Towi se desbordó e inundó el pueblo, de manera que comprobó que la profesía había sido, al menos en parte, acertada - ¿o habrá sido una pura coincidencia? Ya había habido otras inundaciones en el pasado. Sin embargo, la gente murmuraba sobre tentar al destino, y la rareza de todo ésto.

Probablemente sea por eso que alguien plantó otro árbol para remplazar al Roble de Merlín. Esperanzados, piensan que protegerá al pueblo de más diluvios. Otros árboles galeses son igualmente famosos.

## EL TEJO SANGRANTE

Nevern, en el norte de Pembrokeshire, posee algunos árboles interesantes, pero ninguno tanto como el tejo cerca de la iglesia del siglo VI de San Brynach.

El propio Brynach era lo suficiente extraño como para merecerse una segunda mención. Era un nombre de mujer antes de que él se convirtiera al cristianismo y las damas le retornaran los favores con interés y, aparentemente, también con pasión. Cualesquiera fueran las técnicas amorosas que poseyera Brynach, las utilizaba bien, y las mujeres ansiaban su compañía. Lamentablemente, una dama no aprobó la actitud de Brynach cuando repentinamente tomó la cruz y el voto de castidad, y le demostró su descontento atacándolo con una lanza. Una vez que él sobreviviera el intento de asesinato de la mujer, perforándole su ahora santo cuerpo,

Brynach se construyó una iglesia. No fue una tarea fácil, pues los demonios locales hicieron lo mejor que pudieron para atormentarlo, y cuando ya tenía toda su madera cortada y lista para instalar, los paganos locales se la robaron. Esto era suficiente para probar la paciencia de un santo. Sin embargo, Brynach perseveró y, eventualmente, completó la construcción de su iglesia. Aparentemente también tenía el hábito de caminar al fuerte cercano de Carn Ingli, en donde hablaba con los ángeles, algo que pudo haber sido de ayuda.

Historiadores más serios han presentado una versión menos colorida de este cuento. Estos historiadores afirman que Brynach fue un irlandés que llegó a este área alrededor del 540 AD. Se encontró con San David en Pembrokeshire, el cual se presume ser el sitio en donde Brynach se convirtió al cristianismo. Una vez que Brynach ya fue cristiano, el señor local, Clether, le otorgó tierra para construir una iglesia, y puesto que Clether vivía en Carn Ingli, el Piadoso pudo haber malinterpretado las visitas de Brynach a Clether como viajes a platicar con los ángeles.

Incluso, tras el paso de unos mil cuatrocientos años, sobreviven fragmentos de la iglesia, incluído lo que hoy es la Roca de Vitalanus, con las palabras *Vitaliani Emereto* talladas en ella. Estas palabras no significaban nada para mí, hasta que leí que podrían referirse a Vortimer, el hijo Vortigern, a quien ya hemos conocido buscando dragones. Cerca de la iglesia está la Gran Cruz de San Brynach, que es una impresionante pieza de tallado,que se jactaba de una rara tradición. En el día festivo de San Brynach, el 7 de abril, los locales se reúnen en torno a la cruz, esperando al primer cucú del año.

Yo sé que este capítulo supuestamente debería ser sobre

árboles, pero la insólita Gales siempre me conduce a otras cosas.

El recorrido por el cementerio de la iglesia de San Brynach está demarcado por árboles de tejo, uno de los cuales es conocido como "El Tejo sangrante". Este árbol tiene la reputación de 700 años de edad, y emita una savia de color rojo-sangre, desde una herida a unos seis pies sobre el nivel del suelo. Lógicamente, tan extraño evento ha atraído la invención de historias. Una dice que ya que Cristo fue muerto en la Cruz, el árbol sangra en simpatía. Otros afirman que un hombre santo, probablemente un monje, fue colgado en este árbol por un crimen que no cometió, y antes de que se apretara el nudo corredizo, el monje dijo que el árbol sangraría por siempre, llamando la atención por su inocencia. También hay quienes dicen que el árbol sangrará hasta que un príncipe galés se establezca en el cercano castillo de Nevern o hasta que haya paz mundial.

Cerca del tejo se ubica la Cruz Trenzada de Piedra, la cual es también un misterio irresoluto. Es única, con dos cuerdas trenzadas formando la cruz.

También hay rumores de que la Iglesia de Nevern está encantada, y que espanta en ella un hombre en una larga túnica blanca, mientras que se escucha a niños jugando y riendo dentro del ancestral edificio. El extraño hombre fantasmagórico viste las ropas que estuvieron de moda en el siglo VI, de manera que puede pertenecer a la colonia cristiana original. El castillo cercano, obviamente, también tiene un fantasma, pues se escuchan terribles gritos provenientes de dentro de los muros, y a veces largos sollozos. Se decía que, después de que se escuchaban los gritos, la temperatura descendía significativamente. Algunas personas han visto a un hombre barbado y con un sombrero bien raro, como la copa de un sostén.

Ya fue bastante sobre fantasmas y árboles sangrantes, pero la rareza de esta aldea no acaba aquí. Cerca de las ruinas del castillo está la Ruta del Peregrino, un antiguo camino que se extiende a un lado de la colina. Si uno mira con atención, puede ver una cruz cristiana tallada en la roca. Ahora comienza lo aún más raro, pues algunas personas dicen que la cruz marca la entrada a una caverna secreta. Tal lugar, en tal sitio, puede ser interesante solamente. Las teorías se extienden desde el Rey Arturo (de nuevo) que conserva el Cáliz Sagrado en secreto (de nuevo), hasta los igualmente raros Caballeros Templarios que ocultaron la Verdadera Cruz.

Pero esto han sido distracciones que nos han desviado de los árboles. Como los otros tejos insólitos en Gales, como el Tejo del Púlpito, que se encuentra en Nantglyn en Denbighshire. Este árbol es tan enorme, que los feligreses han tallado una serie de escalones en al árbol hacia un púlpito dentro del tronco. Hay algunas historias antiguas que indican que el tejo era el árbol de la vida, el original, que aparece en la Biblia, y fueron llevados unos esquejes del árbol de la vigilia a Bretaña, en donde aún prosperan.

Como descubrí, en Gales cualquier cosa es posible, incluso con los árboles.

## 22

# ES LO ACOSTUMBRADO EN GALES

Mientras que algunas costumbres galesas tienen sus contra-
partes en las otras naciones de las Islas Británicas, otras son
únicas en este país. En este capitulo me atreveré a
mencionar las puramente galesas, con disculpas sobre aquéllas que describa de manera incorrecta. Algunas son sensibles a tiempo y espacio, algunas son muy raras, y otras son
absolutamente sobrenaturales. Una vez más, debo agradecer
a la Sra. Prichard por mantenerme en el camino correcto en
varias ocasiones, con un codazo en las costillas y un "hey, eso
nunca sucedió".

## LA COSTUMBRE DEL CORTEJO

Una costumbre encantadora es la idea de que cuando los
jóvenes mozos visitaban a sus chicas, debían llevar una
cuchara del amor. Hay varios de estos artículos en el Museo
Galés del Folclore, en San Fagans, muchas muy bellas con
corazones y diseños celtas. Probablemente la idea era probar

el afecto; aunque la Sra. Prichard sugiere que era más para mantener las manos del pretendiente ocupadas y lejos de su amada. Como padre de dos hijas, una vez adolescentes, puedo comprender esa idea.

Debo mencionar la extraña práctica de *Carny n y gively*. En los días de antaño, cuando la mayoría de la gente vivía en la campiña, el cortejo podía ser una penosa y ardua experiencia. Los caminos eran pobres o inexistentes, el clima era a menudo inclemente, y los jóvenes debían encontrar un momento en el día para cortejar a su futura esposa, entre las demandas del campo u otros trabajos. Se tornaba razonablemente normal el tener que viajar a la casa de la muchacha y tener que trasnochar allí. Sin embargo, los padres de la presunta futura novia tenían sus propios métodos de asegurarse de que nada sucediera durante esas noches, mientras dejaban inclusive sola a la pareja.

La pareja en cortejo dormía en la misma habitación - no habría de todas maneras habitaciones de visitas ni nada de eso - e incluso en la misma cama. Si eso suena a diversión, los padres de la chica tenían otras ideas. Ambos jovencitos eran colocados en bolsas separadas hechas con las sábanas, y la madre de la chica las ataba firmemente para asegurarse de que no hubiera ningún fraude. Las bolsas llegaban incluso a los cuellos de los jóvenes, y no tenían agujeros para los brazos. La Sra. Prichard me dijo que su abuela literalmente cosió a su madre dentro de la bolsa. Probablemente eso era común, o tal vez la Sra. Prichard estaba nada más probando su punto.

A la siguiente mañana, la madre de la muchacha entraba muy temprano a desatar, o descoser a la pareja de su confinamiento. Cuando uno piensa en eso, *Carny n y gively* tiene muchas ventajas. Permitía a la pareja un tiempo a solas para platicar, sin ninguna complicación indeseada, y permitía a la familia de la chica el conocer al prospecto de yerno. También era mucho más cálido para el muchacho que pasar la noche en un húmedo granero.

Otra costumbre de cortejo ocurría el 31 de octubre, el Dia de Todos los Santos, que correspondía al último día del año celta. En Gales del Sur era común que una joven mujer u hombre se pusieran a platicar en un cruce de caminos a la media noche, cerraran sus ojos y dieran tres vueltas. Simultáneamente gritaban el nombre del hombre o mujer con quien esperaban casarse. Si les aparecía una imagen de esa persona, era posible que se les realizara el sueño. Pero si no, era mejor pensar en alguien más.

Incluso por el éxito, las cosas no eran tan fáciles, pues parecía acostumbrado en Gales el poner tantos obstáculos como les fuera posible en la vereda del amor verdadero.

## COSTUMBRES NUPCIALES

Algunas de las costumbres galesas con respecto a las bodas eran normales, otras algo extrañas, y una o dos deben haber sido inventadas para poner la palabra "extraño" en el diccionario. No pude hallar un período de tiempo en específico para la mayoría de éstas, de forma que presumo que ya no están de moda. Pero conociendo Gales, puede ser que esté totalmente equivocado.

Una vez que la joven dama y su caballero hubiesen llegado al acuerdo de contraer nupcias, organizaban una reunión con sus amigos. Esta no era una fiesta de gallinas y solteros, sino una reunión formal en la que se debía decidir cuál debía ser la dote. Presumiblemente habría un montón de discusión y tensión en estas ocasiones, previo a llegar al arreglo final. Con ya el lado empresarial de las nupcias arreglado, la pareja debía contactar al *gwahoddwr*, el invitador, quien era el encargado de invitar oficialmente a los comensales. Su sistema era simple, pues andaba de casa en casa con una vara decorada con cintas. Todo mundo sabía quién era y se reunían en corro. Y siendo ésto Gales, el gwahoddwr casi siempre cantaba su invitación. Uno de los amables bibliotecarios de la Biblioteca Nacional de Gales me encontró esta invitación que data de 1762:

*"La intención del invitador es esta, con amabilidad y ansiedad, con decencia y generosidad hacia Einion Owen y Llio Evans, él os convida a asistir con vuestra buena voluntad al banquete, trayendo con vosotros dinero corriente, uno o dos shilling, o tres, o cuatro, o cinco, con queso y mantequilla, invitamos al esposo, a la esposa y a los niños, sirvientes varones y sirvientas doncellas, del más grande al más pequeño. Asistid temprano; debéis proveer viandas y bebidas baratas, sillas para sentaros, y peces, si podemos atraparlos, pero si no, serviros excusarnos y no llegarán si no los llamáis. Ellos parten de tal lugar a tal otro lugar."*

En partes de Gales las bodas se celebraban tradicionalmente los viernes, con los recién casados con su casa recién amueblada la noche anterior. De nuevo, había un arreglo formal sobre quién proveería qué en la nueva casa. La novia era responsable de proveer la cama y la ropa de cama, un cofre y los utensilios culinarios, mientras que el novio debía buscar las sillas, mesas y todo lo demás. Antes de la revolución industrial, virtualmente todo en Gales era rural, y las esposas de los granjeros se aseguraban de que la novia tuviese los comestibles esenciales para iniciar su nueva vida.

La noche antes de la boda, ambos partidos se reunían en la casa del novio, y a la siguiente mañana, para cuidar sus crudas, se separaban de nuevo. Empleados de los amigos del novio iban a recoger a sus caballos y a rearreglar la casa del novio. Un grupo escogido cabalgaba hasta la casa de la prometida y exigían que ella se fuese con ellos, mientras que las otras mujeres dentro de la casa de la novia cerraban con llave y apuntalaban la puerta para impedirles entrar. En una tradición que sólo en Gales podía darse, la gente de la novia y la gente del novio se embarcaban en una competencia de poesía, cada uno alabándose a si mismo y a menudo criticando severamente a los rivales.

A la larga, la gente de la novia cedía y permitía entrar a la gente del novio. Había luego una ronda de bebida y luego ambas partes continuaban el extraño juego. La gente del novio rodeaba a la novia y la escoltaban para asegurarse que llegara a la iglesia, mientras que la gente de la novia los emboscaba en cada cruce de caminos, intentando secuestrarla. Los hombres del novio eran conocidos como "scouts" cuando defendían a la novia y no era raro que la novia y el novio mejor se fueran cabalgando lejos, juntos.

A pesar de todo el juego-actuación, las bodas casi siempre se lograban celebrar. Sin embargo, las raras costumbres continuaban hasta después de la ceremonia. Era común bloquear las puertas de la iglesia y forzar a la feliz pareja a pagar por su salida. Y en el camino de la iglesia a su nuevo hogar, la gente siempre detenía a la pareja para desearles suerte, y también existía la rara tradición de atar un lazo a través del camino como barricada para el carruaje nupcial. Una vez más, el novio debía pagar una cuota para que su carroza pudiera continuar. En una ocasión, el novio era un escocés que no conocía la tradición. Respondió dando una paliza al primero que le pidió dinero, y comenzaba con los demás, cuando la policía llegó. Pasó el resto del día en una celda, en vez de con su nueva esposa. Ese no fue un buen comienzo para su vida matrimonial, pero la muerte también tenía su cuota de extrañas costumbres.

## COSTUMBRES FUNERARIAS

La muerte no era un tema que se tomaba a la ligera en el Gales de antes. Tras yacer en la casa por un tiempo, el cuerpo era llevado afuera en un féretro. Al mismo tiempo, la mujer más cercana al fallecido llenaba una fuente con pan blanco y la pasaba por encima del ataúd. El pan sería luego dado a los pobres, algunas veces aumentado con dinero y queso. Con tal acto de caridad cristiana completado, todos se hincaban a presentar las oraciones al Señor, que era repetida en cualquier momento y en todo instante durante la procesión fúnebre, en especial en cruces de caminos, o cuando llegaban al cementerio. Y como este es Gales, también había música, con las lloronas cantando salmos mientras caminaban, o en el propio funeral.

Una extraña costumbre en Gales, que también era común a lo largo de las fronteras galesas de Herefordshire y Shropshire, era el devorar pecados. Los parientes del difunto contrataban a alguna persona pobre para realizar las tareas de un devorador de pecados. Pan y cerveza eran entregados al hombre, por encima del cuerpo, y mientras él lo bebía y lo comía, en teoría tomaba todos los pecados del finado, salvándolo así de caminar después de muerto. Se creía que cada gota de vino bebida durante el funeral es un pecado cometido por el difunto, pero al beber ese vino, el alma del muerto se libera del peso del pecado. Entonces, la moral de esa creencia podría ser: "haz lo que quieras, sólo preocúpate por poder costear un despertar decente".

En algunos lugares, los dolientes daban dinero para ser distribuido entre los parientes del finado, mientras que el primer domingo después del funeral, los parientes visitaban la nueva tumba. Tras el servicio, los dolientes colocaban flores, con hierbas como ruda en las tumbas de los ancianos,

madreselva en las de los muertos menos maduros, y primo-
rosas, violetas y campanillas de febrero en las de los bebés.
Tristemente, en los siglos XVIII y XIX, hubo muchos bebés
dentro de los muertos. Las flores se colocaban también en
las tumbas para el domingo de Flores (o Domingo de
Ramos), y para el Viernes Santo. Nunca había oído hablar
del "Domingo de Flores", pero según la Sra. Pritchard, es
otro nombre para el "Domingo de Ramos".

También era acostumbrado en algunos lugares que los
amigos enviaran pan de ale, o también llamado pan de alve,
hecho generalmente de centeno, aunque también a veces
más similares a bizcochos, a los familiares del difunto. Y
luego de que los dolientes consumieran el pan de arvel, colocaban una moneda en el plato, generalmente un shilling.
Un shilling (cinco peñiques) no suena como algo difícil,
pero era en ese entonces el sueldo de un día. Las líneas de
Kipling: "Shillin por día, es buena paga floreada", vienen a la
mente. Esta costumbre era también común en el norte de
Inglaterra, en donde puede quedar una resaca no desvanecida de los días previos a la invasión anglo-sajona.

Y agregaré una última creencia para acabar con esta
sección. Si alguien veía luces azules sobre una tumba, eran
malas noticias, pues indicaban que habría una nueva tumba
bien pronto. Estas luces eran llamadas candelas de cadáver,
y a veces no se veían solas. También era bastante común ver
un funeral por día o algo así, antes de la muerte.

## COSTUMBRES DE NAVIDAD, EL DÍA DEL BOXEO Y AÑO NUEVO

Aunque se le acredita a veces a Charles Dickens de inventar
nuestras formas de celebrar Navidad, con su famoso y fabuloso *Cuento de Navidad,* el festival cristiano navideño de

invierno fue significativo durante muchos siglos anteriores al aparecimineto de ese talentoso autor inglés. La Navidad, como la conocemos ahora, es una amalgama de costumbres y tradiciones provenientes de todo alrededor del globo. Sin embargo, la idea de celebrar la Navidad es tan antigua como el Cristianismo, mientras que el tener algún tipo de festival a mediados del invierno es, posiblemente, unos cuantos miles de años más antiguo. Hoy tenemos ornamentos navideños, el árbol de Navidad que introdujo el príncipe Alberto desde su tierra natal, Alemania, y una plétora de programas televisivos baratos y alegres; en el antiguo Gales las cosas eran un poco distintas.

Las celebraciones navideñas comenzaban temprano por la mañana con el servicio eclesiástico llamado Plygain o Recreo del Día. La gente salía de sus casas, a veces a las tres de la mañana, con una antorcha iluminando la oscura noche de diciembre e intentando a a los espantos que no se querían ir. Durante el largo servicio, de entre dos y tres horas, los hombres cantaban villancicos, a menudo en complejos tríos o armonías de cuatro voces, y luego las familias caminaban de regreso a casa. En vez de intercambiar costosos regalos, en esos tiempos más austeros, la gente se gratificaba con comida y bebida saludable.

Menos agradable era el Día Pugilístico - o Día de St Stephen - tradición de la encina, o de la Santa paliza. En partes de Gales, los chicos y jóvenes recolectaban ramillas de encina y azotaban con ellas los brazos desnudos, y también las piernas, de las chicas, hasta hacerlas sangrar. Me pregunto qué pensarían las muchachas sobre eso. En otras partes de Gales se acostumbraba guardar esas ramillas de encina, y la paliza, para la última persona que se levantara de la cama. La Sra Prichard, sonriendo diabólicamente, me contó que cuando sus cuatro hijos se mostraban desganados de levantarse de sus camas, les recordaba la tradición mientras blandía unas ramillas de encina en su mano. "Eso generalmente funcionaba", dijo ella.

Una tradición, que posiblemente data de los días precristianos, era la de la cacería del reyezuelo. Según la leyenda, ese ave era importante para los druidas y, al parecer, los marineros de antaño llevaban plumas de reyezuelo para la buena suerte. En Gales, los reyezuelos eran cazados para el día del azote, y los hombres vestían trajes estrafalarios y acarreaban a los pequeños prisioneros de casa en casa. El día del azote también era conocido como el Día de St. Stephen (San Esteban), y una versión de la historia de este santo dice que un reyezuelo fue el que lo delató cuando se ocultaba, tras lo cual fue capturado y martirizado, de manera que era "un asunto cristiano" el cazar a los reyezuelos.

Una ceremonia tradicional galesa es la de *Hel Calennig*. Según el Museo Nacional de Gales, ésta era realmente una tradición de año nuevo, y *Hel Calennig* significa "Regalo de Año Nuevo". El procedimiento era simple y duraba desde el amanecer hasta el ocaso. Los chicos de la comunidad se reunían en grupos, llevando manzanas decoradas con ramillas de alguna conífera, y maíz, y caminaban de casa en casa, entonando canciones y ofreciendo buenos deseos a los habitantes. En algunas áreas los muchachos tenían también un tazón con agua del pozo, y utilizaban las ramillas para salpicar a la gente con el agua, supuestamente para darles suerte. El uso de coníferas es interesante, y podría sugerir los orígenes precristianos de esta tradición.

A cambio por las canciones y el baño gratuito, los habitantes de las casas les daban a los muchachos confites o dinero, o pequeños regalos llamados *calennig*. Ya que las manzanas eran importantes para los celtas precristianos, esta tradición podría datar de varios miles de años.

*Hel Calennig* continuó al menos hasta la década de los 1930s en partes de Pembrokeshire Occidental, aunque para entonces ya las chicas se habían unido a los jóvenes hombres. La Sra. Prichard insiste en que las jovencitas siempre estuvieron presentes, pero habían sido sacadas de la historia. La canción infantil ha sido registrada:

*Aquí traemos agua nueva, tan clara, del pozo,*
*Para adorar a Dios con ella, este feliz año nuevo.*

Para el día del año nuevo, los galeses siempre deseaban que la primera persona en entrar a la casa fuera de cabello obscuro, y de género masculino. Pelirrojos o damas eran vistos como mala suerte. También era considerado mala suerte el prestar dinero o cualquier otra cosa para el día del Año Nuevo.

En algunas aldeas, para el último día del año, las mujeres solían dibujar con yeso algunos patrones en sus peldaños. Esos dibujos eran diseñados para bajar por las orillas del escalón, y a menudo eran muy elaborados, y también eran pasados de generación en generación, aunque el significado ya se perdió. La idea de esos diseños era el engañar al diablo, y que no quedara espacio para que se arrastrara. Se dice que tal tradición se remonta a los tiempos druidas.

El año nuevo también miraba regalos, con una manzana como un presente muy valioso para esa festividad, o también una hogaza de pan, pero lo interesante de ésto es que estas tradiciones cambiaron de fecha. Eran original-mente para el primero de noviembre, el comienzo del año celta.

Sin dudas la costumbre más rara era la de *Mary Lwyd*, cuyas raíces se remontan a mucho antes del cristianismo. Al duodécimo día de Navidad, o por ahí, la gente colocaba la calavera de un caballo en la punta de una vara, y le agregaba falsos ojos y orejas, y campanillas. Cubrían el palo con una sábana blanca, la ataban con una plétora de listones brillantes, y esa era la *Mary Lwyd*. Una vez que la habían crado, la gente llevaba a la *Mary Lwyd* por toda la comunidad, y recitaban poesía frente a cada casa. La gente de dentro debía responder en verso, rehusando de esa manera la entrada de *Mary Lwyd* a la casa, y las respuestas, casi siempre en forma de insultos rudos, iban de un lado al otro, hasta que los habitantes de la casa ya sea que paraban permitiendo entrar la calavera de caballo, o la obligaban a irse. Si el grupo lograba ingresar, eran agasajados con comida y bebida, y luego se dirigían a la siguiente casa. A menudo la gente que llevaba a la *Mary Lwyd* se emborrachaba, y generalmente se presentaban actos de vandalismo, o la escarapela ocasional.

Con el paso de los años, la costumbre sufió alteraciones y, en vez de versos, los portadores de la *Mary Lwyd* comenzaron a entonar himnos de Navidad. Tras un largo tiempo de casi extinción, esta tradición muestra signos de reavivamiento. Hay ecos de estas rivalidades poéticas en las costumbres nupciales ya descritas arriba; la conexión entre Gales y las habilidades de los bardos, son muy poderosas.

Por último está una tradición nativa del Valle de Glamorgan, al oeste de Cardiff, en la que, a la 12va noche, la gente solía hornear un enorme pan o pastel, con un anillo, a veces dos, oculto en su interior. Las personas de mayor edad de la familia partían el pastel en cuatro, una sección para Jesús, otra para la Virgen María, una para los Tres Reyes Magos, y la cuarta era para los presentes. Esta última se partía en rodajas y a quien o quienes les salieran los anillos, serían el rey o reina del desgobierno. Hay una leyenda que dice que esta noche los druidas cortaban muérdago, y se lo entregaban a las muchas tribus, que debían conservar la planta para la buena fortuna.

## DIVERSAS CREENCIAS

No todas las costumbres y creencias pueden ser claramente adaptadas a alguna fecha o categoría. Esta última sección mencionará algunas pocas raras creencias que pueden ser generales por todo Gales, o específicas a una parte del país.

La dirección del viento puede ser significativa, con un viento oriental conocido como el *gwynt traed y meir-w*, "viento de los pies del muerto". La alusión era relativa a cómo queda la dirección de los pies de un cadáver después del entierro. Aparentemente, las ancianas se aterrorizaban con un viento desde oriente. ¿Por qué no sólo los ancianos? Como es demostrado en la historia, las mujeres viven más tiempo que los hombres por lo que, con seguridad, esto sería más fatídico para un hombre.

Tanto pescadores como obreros en Wrexham, todos tomaban como algo de mala suerte el encontrarse con una dama mientras iban caminando hacia el trabajo. A veces los hombres sólo se daban la vuelta y regresaban a sus casas. En la otra mano de encuentros, un hombre de cabello oscuro por la mañana traía buena suerte asi como, raramente, lo hacía también el caerse tres veces si se iba por un viaje. Por otro lado, era de mala suerte vestir algo verde, el místico color celta. A veces la gente pensaba que los que vestían algo verde iban a un funeral.

Finalmente, voy a añadir unas pocas líneas sobre el destino de los hombres que buscaban golpear a mujeres. En Brecon en 1881, un hombre que golpeaba a su esposa era tomado por un montón de otros hombres y atado firmemente a una escalera, de manera que no se pudiese mover. Luego era llevado a dar una vuelta por el pueblo y acarreado, frente una gran multitud, a un campo a unas tres millas fuera del pueblo. Los hombres lo botaban cual basura en el suelo, lo desataban y lo dejaban allí para que viera cómo regresarse. La Sra. Prichard agrega a esta historia que las mujeres le podían arrojar porquerías, frutas podridas u otros objetos desagradables al golpeador, mientras iba en desfile.

Gales, entonces, tuvo una plétora de creencias extrañas, y también no tan extrañas, y creencias. Algunas eran de varios siglos de antigüedad, con ya olvidada la función original, y otras evolucionaron con el tiempo y práctica. Todas eran galesas, y el mundo es un lugar menos colorido sin ellas.

## 23

## MÁS FANTASMAS

Gales parece haber tenido fantasmas pululando en cada aldea y saliendo de cada arbusto. Por cada cuento que encontré tuve que descartar veinte, y aún quedaban muchísimos. Este capítulo tiene otra selección, algunos recomendados por Aelwen Prichard, otros sacados de libros antiguos, de la gente local, reportes de periódico y otros solo susurrados por el viento.

### EL FANTASMA DE HARRY PRICE

Esta es otra historia de Aelwen Prichard. Ella me contó que a principios de la década de 1860s, en Merthyr había un chico llamado Harry Price, quien podía ver su propio fantasma. Según Aelwen, Harry era un joven adolescente, y salió de la casa para ir al baño, que estaba afuera, y regresó con su rostro "tan blanco como el papel" y temblando. Su madre le preguntó que qué en la tierra le estaba sucediendo, y Harry le respondió que había visto su propio fantasma parado en el jardín, sólo viéndolo.

Lógicamente, su madre le dijo que no fuera estúpido, le dio una bofetada y lo mandó de regreso afuera. No hubo un fantasma la segunda vez. Sin embargo, a los pocos días, Harry comenzó a tener una fuerte fiebre y se recostó en cama. Gradualmente empeoró, de debilitó, y murió.

Anoté la historia, como hice con todas las que me narraba Aelwen, y más adelante intenté investigar a Harry Price. No encontré tal nombre en esa época, pero hallé una mención en 1864 en el periódico *Aberystwyth Times* sobre un chico de 14 años que murió en Dowlais tras, aparentemente, ver su propio fantasma. Las historias fueron demasiado similares como para una coincidencia, de modo que la incluí aquí, pues a pesar de ser corta, es extrañamente perturbadora.

La siguiente es una de mis favoritas, aunque he escuchado algunas similares de otros lugares fuera de Gales.

## EL DUENDE DE LA CAPA DE ORO

Algunas cosas en Gales van más allá de lo extraño. Esta historia ahonda incluso en la historia, mitología y conciencia nacional. Al no ser político este libro, debo evitar el aspecto mencionado por último, lo más que me sea posible.

Como siempre, hay una variedad de versiones, cada una ligeramente diferente y siempre conectada con el mismo lugar y evento. Mi introducción a esta historia estaba en el *Aberystwyth Times* de agosto de 1854, y mi muy útil amiga Aelwen Prichard agregó más, mientras que la Biblioteca Nacional de Gales ayudó a rellenar los espacios.

Aparentemente, en 1833 había obreros reparando las carreteras en torno a Mold, en Flintshire. En esos días había muy poco respeto por los sitios arqueológicos, y cuando esos obreros vieron un montículo cerca, lo tomaron como un sitio útil de tierra para el camino, más que como un montón de información histórica invaluable. Felices removieron grandes cantidades de rocas, hasta que llegaron cerca del centro del montículo, y se detuvieron sorprendidos al encontrar lo que el *Aberystwyth Times* llama "un esqueleto de tamaño muy grande". Los reportes de ese tiempo dicen que el cráneo, asi como los fuertes y gruesos huesos, pertenecían a un hombre "de gran estatura", pero tan pronto como el aire entró a los huesos, éstos se volvieron polvo.

El perder tal esqueleto fue una tragedia. Sin embargo, hubo un premio de consolación. En la cima del montón de polvo de hueso, en donde estaría el pecho del cuerpo, quedó un brillante "corset adornado con 200 o 300 abalorios de ámbar, atravesados con una clase de trabajo de filigrana". El corset era de oro fino, y la opinión contemporánea era que "estaba forrado de cuero fino".

La especulación de la época sugirió que la tumba podía pertenecer a un cacique del siglo V o VI llamado Benlli Gawr, a quien recién conocimos en la isla de Bardsey. Se dice que Benlli vivía en su fortaleza en Moel Fenlli.

Hoy en día este artefacto tan fantástico es conocido como La Capa Moldeada, y la opinión experta la fecha entre los años 1900 y 1600 a.C., con lo que tendría entre 3,600 y 4,000 años de antigüedad. Es de oro sólido, laminado, proveniente de un solo lingote, y actualmente se conserva en el Museo Británico en Londres. Por el tamaño de la capa se asume que fue de una dama, a menos de que los hombres de la época hayan sido mucho más pequeños que los de ahora, de manera que no es para nada el gigante que inicialmente indicaron los obreros. Los expertos piensan que la Capa de Mold puede tener alguna conexión con la cercana mina de cobre Great Orme.

Estos temas arqueológicos son todos muy interesantes pero, ya estoy escuchando a mi lector, pensando que hasta ahora no hay nada particularmente raro, Jack. Correcto, pero qué tal esto: antes del descubrimiento, la gente local hablaba acerca de fantasmas en armaduras refulgentes que aparecían sobre el montículo mortuorio, de manera que a este sitio lo nombraron como El Campo de los Duendes de la montaña de las Hadas.

Eso si que es raro. ¿Habrá allí alguna memoria popular que data de tres mil años, o la gente en verdad vio algo?

Según una de las leyendas locales, en 1830 la esposa de un granjero pasaba por ahí en su camino de regreso desde el mercado en Mold. Su caballo se agitó, y ella vio luces tintineando a través de la tierra boscosa a su derecha. Mientras luchaba para controlar a su caballo, vio a un hombre enorme, que vestía una armadura de oro, saliendo del bosque, brillando con un fulgor dorado. Mientras la esposa del granjero continuaba observando, el hombre entró en la espesura, y la luz se difuminó.

Según la historia, la esposa del granjero le narró su vivencia al reverendo Charles Clough, quien la incluyó luego en su libro escrito en 1861 y titulado *Scenes and Stories Little Known* (*Escenas e historias poco conocidas*). Se dice que ese libro fue en realidad escrito por la esposa del reverendo (está disponible en la Biblioteca Nacional de Gales) y está lleno de historietas interesantes, una vez que uno se acostumbra al estilo de escritura tan peculiar.

Los locales nombraron al montículo *Tomen yr Ellyllon* y no se acercaban, por los fantasmas, ya que el campo era también conocido como *Cae'r Yspryd*, el Campo del Fantasma. Al parecer el mismo lugar tiene varios nombres.

Aparentemente, el reverendo Charles investigó más a fondo y descubrió que el fantasma dorado habia sido visto inclusive durante el siglo XVIII, con una mujer que enloqueció cuando lo vio. La historia de la loca es un tema recurrente durante el siglo XIX, de manera que no se puede confiar en ella totalmente. Es interesante el hecho de que la esposa del granjero haya visto un gigante y que también los obreros de la carretera hayan pensado que los huesos hallados hayan sido de un hombre muy grande, a pesar de que la capa es de talla pequeña. Aparentemente, el gigante era conocido como *Brenin yr Allt* o El Rey de la Colina, y uno se pregunta si los cuentos influyeron en la mente de los obreros camineros, cambiando su percepción para la descripción del esqueleto que hallaron, o si la descripción de los obreros fue la que influenció los cuentos.

La vasta mayoría de las cuentas de ámbar que fueron halladas parecen haberse desvanecido, con historias de que los locales, o los mismos obreros, se las llevaron. Aparentemente, muchos de estos coleccionistas de recuerditos se arrepintieron pronto de sus acciones. Una dama escuchaba pasos de alguien invisible y que también golpeaba su ventana, hasta que regresó las cuentas al montículo.

¿Que es lo que cree Strange Jack? Para que quede constancia, he escuchado variaciones de este cuento por toda Gran Bretaña, generalmente con un caballero dorado espantando en algún montículo mortuorio en el que más adelante son halladas armas y armaduras. Me gustaría saber de alguna excavación arqueológica en un sitio en el que estén prevaleciendo leyendas genuinas, *antes* de cualquier hallazgo.

## EL CABALLO FANTASMA Y EL CARRUAJE

En 1887, Carnarvon estaba en ascuas. Un coche fantasma y sus caballos habían sido vistos haciendo escándalo por el pueblo, sin siquiera un conductor fantasmal. El carruaje apareció por primera vez como una luz brillante cerca de la Iglesia de Llanbeblig. Al acercarse, la luz se metamorfoseó en una única lámpara brillando sobre un carruaje negro halado por un solo caballo, también negro. No había nada extraño sobre eso, excepto por que los cascos de los caballos no emitían sonido alguno, ni tampoco las ruedas metálicas dando vueltas e, incluso más siniestro, que no tenía un conductor. Al pasar de largo el carruaje dejó un brillo raro sobre el camino. Se vio el coche desvaneciéndose detrás del portón de una mansión.

Cuando uno de los testigos investigó la casa, encontró que los portones estaban cerrados firmemente con llave, y no encontró ni señas del coche. Ese misterio nunca fue resuelto.

## EL REGRESO DE STRONGBOW

Cuando estuve en la Universidad de Dundee como estudiante maduro, mi profesor de inglés me presentó *Tintern Abbey* (la Abadía de Tintern) de Wodsworth. Esa obra me cautivó, y aunque la abadía no es la que se caracteriza en el poema, por años después de esa época quise visitar Tintern. En 2016 mi esposa y yo finalmente fuimos allí y, en vez de palabras escritas, encontramos poema arquitectónico en la roca. Tintern es, sin duda alguna, una de las abadías en ruinas más hermosas, si no la más bella de todas dentro del Reino Unido. El emplazamiento junto al rio Wye y el estar dentro de un tazón de colinas boscosas, no puede ser vencido por nada, y los detalles del trabajo en la roca, combinados con la sensación general de paz, son asombrosos.

Tintern fue una fundación antigua Cicterciana, que data de 1131. A diferencia de las abadías en la frontera escocesa y la mayoría de sitios en los cuentos galeses, no hay historias de ataques, o saqueos, o destrucción. De hecho, Tintern disfrutó de una existencia relativamente pacífica, hasta la decisión de Enrique VIII de disolver la iglesia católica en 1536.

Sin embargo, incluso el Edén tiene su propia serpiente, y Tintern tiene sus propias historias raras. Puede esperarse un visitante que no es bienvenido. Dado tal sitio tan divino, es natural que la oposición se ponga celosa. El diablo vio todas las buenas obras que estaban realizando los monjes de Tintern y decidió impedir que hicieran más. De acuerdo con sus planes, creó el Púlpito del Diablo en las cercanías y predicó palabras melosas para seducir a los monjes de la puerta recta y angosta, llevándolos a la ancha pero ventosa, con suficiente oro brillando para vivir cualquier tipo de vida que quisieran. Felices en Tintern, los monjes rechazaron las seducciones del diablo hasta que él les sonrió diabólicamente y les dijo que podía aderezar los sermones para ellos. Su idea fue la de un tipo completamente opuesto de discurso, con la adición de todo tipo de finezas. Cuando los monjes mostraron interés, el diablo dijo que podía oficiar la misa y dar el sermón desde el tejado de la abadía.

"Ven arriba" invitaron los monjes y el diablo, pensando que había anotado un punto para el lado infernal, voló al tejado de la abadía. Al tocarlo, los monjes lo recibieron con lluvias de agua bendita, que lo envió de regreso a su púlpito y probablemente también a la región de fuego y azufre. Eso puso el marcador en uno a cero, a favor de los chicos buenos.

Aún se puede visitar el Púlpito del Diablo. Es un mirador excelente, con vista a la abadía. Sólo hay que tener cuidado con los caballeros con pezuñas, que puedan seducirlo a uno a distintos caminos.

Para ser un edificio tan asombroso, Tintern está sorprendentemente corto de historias. La otra que pude encontrar probablemente date del siglo XVIII o principios del XIX, cuando la era del romanticismo estaba en su auge y a los "caballeros" - uso el término de forma imprecisa - les gustaba andar husmeando por los sitios ancestrales para ver qué antigüedades podían hallar. Dos de estos jóvenes gamberros llegaron a Tintern con espadas y altas expectativas al excavar en tal tierra sagrada.

En vez de reliquias, dejaron al descubierto un par de esqueletos. Mientras que una persona decente seguramente hubiese re-enterrado los esqueletos, estos dos caballeros se mofaron, hicieron bromas y hasta una comida festiva. A los dos caballeros les pareció gracioso especular sobre lo que los monjes hubiesen hecho al ver sus arrogancias, hasta que se desplegaron encima pesadas nubes, y Tintern fue inundado en lluvia. Iluminaban los relámpagos, rugían los truenos y el rio Wyes cambió de su azul sonriente a un gris amenazante.

Al apurarse a empacar sus pertenencias, ambos caballeros se percataron de que ya todo estaba cubierto por una gris y espesa niebla, que amortajaba las partes altas de la abadía y se deslizaba escurriéndose silenciosamente entre los antiguos muros y los árboles goteantes. A través de la espesa nube, los caballeros pudieron ver algo brillando, algo que se aproximaba a ellos, una luz extraña, como si el pálido sol se estuviese reflejando en metal gris. Miraron horrorizados, demasiado asustados incluso para salir huyendo, cuando una figura se materializó en el coro.

La luz de la figura espantaba hasta a la niebla, de

manera que se vio claramente a un caballero en armadura completa, con un casco sobre su cabeza y una larga espada en su mano. El caballero caminó, o mejor dicho flotó, hacia ellos, seguido por una procesión de monjes con rostro de tumba, cada uno vistiendo capucha y evidentemente nada contentos por los dos intrusos que habían molestado sus sepulcros en el sitio sacro. Según la leyenda, este caballero en malla de cota no era nada más ni nada menos que el propio Strongbow, o llamado también Gilbert fitz Gilbert de Clare, conde de Pembroke. Strongbow fue el primero en detenerse, con su séquito luego detrás, todo en perfecto silencio. Cuando los dos petrificados hombres lo miraron con mayor detenimiento, blandió su espada y con la punta les indicó la salida de la abadía. Eso fue suficiente para los dos anticuarios que nunca llegaron a serlo, quienes se voltearon y huyeron con un súbito y violento ventarrón que tumbó lo que quedaba de la comida festiva detrás de ellos.

¿Habrá estado esta historia basada al menos en la verdad? En mi mente, hay demasiados detalles góticos para que sea real. Muchas historias de fantasmas son vagas, con avistamientos demasiado breves de los seres paranormales, y la adición de truenos, relámpagos y niebla son demasiado teatrales como para que sean reales. Pero habiendo dicho eso, el conocer esta historia se agrega al conocimiento de la historia de Tintern. Esta leyenda pudo haber sido iniciada a propósito para mantener a los cazadores de tesoros lejos de Tintern, en una época en la que los supuestos anticuarios pululaban por todo el largo y ancho de Europa, y también África y el Medio Oriente.

Mi próxima pequeña ofrenda es otra advertencia, aunque muy distinta.

## EL FANTASMA DE ABERNANT

Alison Lewis estaba muriendo. No había ningún secreto al respecto. Ella sabía que estaba muriendo y estaba preocupada. No le inquietaba la muerte, o la vida después de ella; había sido una buena cristiana toda su vida, y tenía confianza en su fé. No, Alison Lewis estaba mucho más preocupada sobre el bienestar de sus hijos después que ella partiera. Su esposo, Evan, no era el mejor de los padres; de hecho, era negligente y, a veces, brutal con sus hijos. Ya había sepultado a su primera esposa, y ahora Alison la seguiría a la tumba.

La familia falleció en Abernant, cerca de Aberdair, y era el inicio de 1868.

"Estaré observando desde el otro lado", dijo Alison Lewis. "Y si no cuidas a nuestros hijos, lo sabré".

"Estarás muerta". Sin afeitarse, sin cuidar de si mismo, Evan no tomaba en serio a su esposa.

Alison forcejeó para sentarse en la cama. "Si pones un solo dedo encima de alguno de mis hijos", dijo ella, "te espantaré, te embrujaré, y lo sabrás muy bien":

Evan solamente sonrió.

Inevitablemente, murió Alison Lewis, y Evan olvidó por completo sus amenazas, mientras se concentró en lo que consideraba él como asuntos de mayor importancia, como beber. Sabía que tenía hijos, por supuesto, y que eran las ruidosas criaturas que infestaban su casa, se comían sus alimentos, y se metían bajo sus pies, de modo que tenía que verlos de vez en cuando, sacarlos de su camino e insultarlos cuando la ocasión lo ameritaba.

Había recién ejecutado la última operación cuando una jarra cayó del estante, haciéndose añicos sobre el piso y apenas fallando por un pelo de dar en la cabeza de Evan.

Quedó mirando, vio el desastre y ordenó a su hija que lo limpiase. Al no apresurarse ésta lo suficiente, Evan le asentó una bofetada casual.

"Madre está observando", dijo la chica, sobándose.

Evan rio a carcajadas, burlándose de ella, hasta que las sillas comenzaron a moverse y la mesa se deslizó rallando el piso.

"¿Quién hizo eso?", exigió Evan.

"Eso lo habrá hecho nuestra Madre", replicó la muchacha.

"¡Fuiste tu!", la acusó Evan.

"Estoy al otro lado de la habitación", hizo ver la chica, esquivando el golpe salvaje de su padre.

Cuando incluso Evan comenzó a preguntarse qué pasaba, llamó al guardia del ex-párroco, quien entendía algo sobre tales manifestaciones. El guardia quedó parado en el centro de la pequeña casa y preguntó a la Sra. Lewis si ella, por favor, podría dejar tranquilo a su esposo. El joven no vio de dónde venía una roca, pero sintió cuando se le estrelló en la frente, y se hizo hacia atrás, sangrando. Saliendo rápidamente de la casa, el guardia de la parroquia fue a llamar a la policía, quienes inmediatamente sospecharon de la chica, de apariencia inocente.

Atando las manos de la muchacha para que no pudiese interferir, la policía retó a la Sra. Lewis a hacer algo - y las sillas comenzaron a moverse de nuevo.

Gradualmente, los extraños sucesos comenzaron a desaparecer, pero nunca se halló una razón de forma que, se presume, la Sra Lewis era quien estuvo detrás de todo ésto, cuidando a sus niños desde la vida después de la muerte, tal y como los cuidó en su vida. La carencia de una razón me sugiere que la historia es cierta, por mi experiencia que, admito, es limitada; las historias "reales" de fantasmas, no tienen finales al estilo de Hollywood.

La historia final de este capítulo es sobre un pueblo plagado de fantasmas.

## LOS FANTASMAS DE PENCOED

A principios del siglo XX, el pueblo industrial de Pencoed, entre Cardiff y Swansea, aparentaba estar inundado de fantasmas, de forma que por unas pocas semanas, a principios de 1902, el pueblo se sentía como bajo sitio. En común con otros muchos espíritus galeses, el fantasma de Pencoed, o los fantasmas, preferían aparecerse a las personas del género femenino, de manera que muchas mujeres se preferían quedar en casa al oscurecer, mientras que aquéllos hombres valientes que se aventuraban afuera, llevaban siempre una linterna y un sólido bastón para caminar. Algunos hombres se reunían en grupos, armados con porras u otras armas que buscaban para defenderse de lo que pensaban era un farsante que estaba aterrorizando a sus coterráneas femeninas. Algunos de los caballeros incluso planificaban llevar armas de fuego, para que ninguna dama saliera lastimada.

Ya sea que hubiese demasiados fantasmas, o uno solo que cambiaba su apariencia, pues los varios tetigos todos daban distintas descripciones de su aspecto en los testimonios. Algunas veces era una mujer vestida de blanco, otras era un hombre vestido completamente de negro y un testimonio incluso llegó a decir que era una criatura mitad hombre y mitad caballo. Como cosa rara, cuando los hombres llamaban a la dama de blanco, ésta salía huyendo, lo cual es un comportamiento muy peculiar para un fantasma. Un hombre, que caminaba de Bridgend a

Pencoed, se encontró siendo acompañado en su caminar por un hombre alto, de cabello oscuro, quien iba en total silencio a la par, pero no en el camino sino en el campo paralelo.

"¿Quién es y qué es Usted?". Preguntó el hombre, pero el fantasma no respondió.

El hombre regresó a Pencoed, y el fantasma lo acompañó, siempre silente y siempre a la misma distancia. Totalmente alarmado, el hombre se unió a un grupo de jinetes y dejó al espíritu que se las arreglara como pudiera.

Otro caballero se topó pero con una dama alta, de cabello oscuro. Le preguntó quién o qué era, y no respondió, sino que se desvaneció. Y aún más, otro hombre, esta vez en una bicicleta, se encontró a un hombre muy alto, que andaba a la velocidad del ciclista, y le mantuvo el paso hasta que el ciclista aceleró y el fantasma desapareció. También se podía ver a un silencioso jinete cabalgando por los caminos aledaños.

La gente, preocupada, pidió a la policía a que rastreara al fantasma, parcialmente para que las damas pudiesen caminar seguras, y parcialmente en temor de que algún grupo de hombres lo capturara y le pudiese hacer algún daño. Los policías locales revisaron toda la calle, pero sin éxito, y en un punto se preguntaron si uno de ellos debía disfrazarse de mujer y andar por las calles en ropas femeninas como carnada para el fantasma.

No hubo explicación para estos fantasmas. Aparentemente salieron de la nada y luego, repentinamente, todos se desvanecieron, y las calles de Pencoed fueron de nuevo seguras.

Con ese final, un grupo raro de manifestaciones trastornadoras, es hora de cerrar este capítulo y darle un vistazo a la gastronomía galesa.

## 24

## COMIDA GALESA

Todos los eventos deportivos son famosos por la pasión que muestran los fanáticos. Quienes apoyan tanto el fútbol como el rugby tienden a ser bastante escandalosos, y sus cánticos, sus escarnios y canciones pueden tanto alzar a sus equipos apoyados como destruir a los oponentes. Gales, por supuesto, es famoso gracias al rugby. De hecho, el equipo galés de rugby es uno de los mejores del mundo. Entonces, ¿qué es lo que cantan los fanáticos deportivos galeses?

*Guíame, oh Tu, gran Redentor,*
*Peregrino en esta estéril tierra;*
*Soy débil, pero Tú eres poderoso;*
*Sostenme con tu poderosa mano:*
*Pan del Cielo, Pan del Cielo*
*Aliméntame hasta que ahito quede*
*Aliméntame hasta que no quiera más.*

El Pan del Cielo: es una canción eclesiástica sobre una

comida celestial y que tipifica a este raro país, en el que nada es realmente lo que aparenta. Por ejemplo, en Carmarthenshire había pan bendito (como el agua bendita) o *bara lawr*, que no es para nada pan. Es una especie de alga que es consumida con mariscos o untado en tostadas. Con un Origen Protegido de Diseño desde la EU, esta delicia tradicional galesa ha sido consumida durante siglos por la gente ordinaria de Gales. Y no hay que asombrarse de que sea rico en proteínas, bajo en calorías y sabe como ostras.

Este alga marina se recolecta en la costa, se lava y se cocina hasta que se convierte en una pasta o puré. Pruébelo en primavera, cuando el aire está fresco y las colinas se ven claramente, o combínelo con un desayuno galés de tocino, huevos, pan bendito y berberechos, y estará listo, presto y dispuesto a encarar la reina del trabajo en turnos de diez horas en las minas, cualquiera que Usted prefiera. La *Britannica* de Camden, escrita en 1607, indica de que se ha consumido desde los días de las incursiones vikingas, mientras que el viajero del siglo XIX George Henry Borrow la describió como una salsa picante que se come con carne de cordero. Otros pueden comer el pan bendito envolviendo avena, y frito en grasa de tocino. También se usa como sopa. ¿Sopa de algas? Sólo eso ya es raro.

El raro Gales incluso tiene una escultura dedicada al queso de Caerphilly en - lógicamente - Caerphilly. De diez por tres pies, la escultura no se puede dejar de ver. Al parecer, en Gales el queso siempre ha sido importante, con el queso de Caerphilly habiéndose originado en este área, probablemente para los varios miles de mineros de carbón. La producción se hundió durante la guerra de Hitler, y luego se acabó por completo, con el queso una vez galés hecho ahora en Inglaterra. Sin embargo, algunos productores locales han regresado, y el Caerphilly nuevamente está siendo producido en su tierra patria.

Posiblemente la comida galesa más conocida es la Welsh Rarebit, o Pan con queso tostado galés, alguna vez conocido como Welsh Rabbit, lo que significaría "Conejo Galés", aunque realmente no tiene ninguna relación con ningún conejo. Aquí, de nuevo, es el queso el ingrediente estrella, mezclado con leche y huevos. Como cosa rara, aunque muchos restaurantes dentro de las otras naciones de Bretaña no lo anuncian, el Pan de Queso tostado galés en enormemente popular en Japón.

Compitiendo con el pan de queso tostado por el título de comida nacional de Gales está en *Cawl*, una clase de estofado con cordero galés, puerros y patatas. La combinación de cordero, por la cual Gales es famoso, y puerros, uno de los símblos nacionales, hace este plato un favorito. Finalmente, regresaré al pan, o más aún, a la *Bara brith*, que lo hace un pan moteado. *Bara brith* se hace con harina de levadura con frutas deshidratadas, especias mixtas y té.

Y con el pan con sabor a té del cielo galés, cerramos este pequeño capítulo.

## 25

## POZO, POZO, POZO

Con tal encabezado, es evidente de que estaremos hablando de pozos y fuentes de agua en este capítulo, y al menos habrá uno a mencionar. Pero, de hecho, son tres:

### LA FUENTE DE SAN WINIFRED

Este pozo está situado apropiadamente en Holywell en Flintshire. El pozo de San Winifred es de hecho un sitio extraño, de la mejor forma. Gales tiende a ocultar muchos de sus tesoros, y esta fuente santa no es la excepción. A pesar de que el pozo de San Winnifred es uno de los más antiguos, si no es que *el* más antiguo de los sitios visitados en peregrinaje en las islas británicas, no es de mención general en Gales.

Lo he visto escrito como pozo de San Winifred, o también como Pozo de San Winefride con la última ortografía proveniente del latín. De cualquier forma, está situado en un grado número uno en los listados de edificios.

La leyenda de su origen se extiende al año 660 d.C., cuando un grosero noble llamado Príncipe Caradoc se encaprichó con una jovencita llamada Winifred. La damisela no compartía los mismos sentimientos, de manera que le dijo a dónde irse a la manera de Gales, agregando de que ella se había decidido ya a ser una monja en vez de entregarse a sus dudosos encantos. El príncipe no estaba impresionado, tomó su espada y le cortó la cabeza a Winifred lo cual, pensó él, dejó en claro el argumento en particular. Al rebotar la cabeza de Winifred en el suelo, comenzó a burbujear un nacimiento de agua desde el suelo que, en la época, se conoció como "El pozo de Santa Winifred", o más recientemente como la Lourdes de Gales.

¿Y qué sucedió con la pobre Winifred decapitada? Bien, al rato llegó su tio, San Bueno. El tio Bueno vio el problema, colocó de vuelta la cabeza en su lugar y la regresó a la vida. Al parecer, Winifred se volvió monja y vivió por otros 22 años. Ahora que tal secuencia de eventos suene poco probable, pero San Bueno fue una persona de verdad, quien difundió el cristianismo por todo Gales del norte y, según la leyenda, también trajo la Ira de Dios sobre Caradoc. El Señor hizo que la tierra se tragara al malhumorado Lothario.

Al haber logrado estos dos milagros, Bueno quedó agotado, de manera que tomó asiento en un peñasco cercano y decretó de que, en caso de que alguien necesite ayuda, él o ella debe llegar a ese sitio y pedir a Dios en el nombre de Winefride. El Señor estuvo de acuerdo; la roca de Bueno se encuentra aún junto al pozo, y se le conoce como "La roca de Bueno".

Incluso desde esa época, los peregrinos han andado, cabalgado o conducido al pozo de San Winifred, para probar las aguas y ser sanados. Este sitio es una de las Siete Maravillas de Gales, y fue incluso establecida más tarde una capilla, en el nacimiento de agua. Dentro de los visitantes más afamados de esta fuente está Ricardo I de Inglaterra, el Corazón de León, quien oró antes de embarcarse en la Tercera Cruzada en 1189. Enrique V, otro rey inglés, se dice que anduvo por aquí antes de la campaña de Agincourt en 1415, o el galés Enrique VII, y algunos de los hombres involucrados en la Conspiración de la Pólvora oraron aquí antes del genocidio: una extraña ironía vemos entonces.

Cuando Jaime VII y II y su esposa María de Modena tenían problemas engendrando herederos, saltaron al sitio de Winifred, chapotearon un poco y oraron, y el resultado eventual de ésto fue el príncipe Jaime. La princesa Victoria visitó la fuente en 1828, y más adelante se convirtió en la reina y emperatriz y la mujer más importante o, probablemente, la persona más importante del mundo entero. Bien, si funcionó para ella...

En el siglo XV, Lady Margaret Beaufort, benefactora de varias iglesias, una dama muy importante y madre de Enrique VII, construyó una capilla en este sitio. Enrique VIII de Inglaterra, el destructor, saqueó y destruyó por completo esta capilla en su incursión vándala sobre todo lo que no le gustaba, pero el pozo siguió, aunque las reliquias se habían ido. El exterior hace alarde de un magnífico friso animal. Y dentro de la capilla el agua naciente es fuerte y clara, conteniendo un estanque en forma de estrella con fácil acceso. La bóveda que lo envuelve también vale el esfuerzo de apreciar.

¿Es raro este sitio? Las historias son inusuales y su supervivencia es extraña. Y es incluso más extraño que no sea muy conocida. Hay historias de al menos un niño ciego que recuperó la vista. La historia de una mujer discapacitada que recobró la habilidad de caminar. Y una enorme colección de personas tullidas que recobraron el poder en sus piernas. Hay una buena cantidad de rareza en esta Lourdes de Gales.

## EL POZO DE SANTA TEGLA

A una caminata de unos pocos minutos desde la iglesia de Llandegla en Denbighshire está el pozo o fuente de Santa Tegla, o Ffynnon Tegla, otra fuente sanadora. Era acostumbrado por las personas que sufrían de ataques el lavar sus manos y pies en el pozo durante las horas nocturnas. Luego caminaban tres vueltas alrededor del pozo mientras entonaban la Oración del Señor. Si el paciente era hombre, también debía portar una cesta con un gallo, mientras que la mujer debía llevar una gallina; tanto masculino como femenina, debían luego arrojar una moneda de cuatro peñiques al pozo. Con este procedimiento completado, debían ahora caminar tres veces más alrededor de la iglesia, mientras recitaban la Oración del Señor en cada una, y luego dormir bajo la mesa comunal hasta el amanecer, usando la Biblia como almohada. Y aún no hemos llegado al final, pues también debían echar una moneda de plata en la caja para los pobres y dejar sus aves de corral mientras repetían el procedimiento completo. Después de todo eso, de seguro merecían el ser sanados.

## LA GIGANTE Y EL SANTO

Hace un gran número de años, una gigantesa llamada Caeres y Bwlch vivía en Bwlch y Rhiwfelen, una montaña a pocas millas de Llandegla en Denbighshire. En común con muchos gigantes y gigantesas de los antiguos tiempos, Caeres y Bwlch asesinaba y se comía a todos los viajeros del camino. Lógicamente, eso la hizo demasiado impopular, y los habitantes locales contrataron a un caballero blanco para ayudarlos a deshacerse de la gigantesa. En vez de un caballero, llevó San Collen a detenerla. Se armó y se encontró con la gigante cerca de la cima de la montaña.

"¿Quién eres tú", preguntó San Collen, "y por qué estás aquí?"

La gigantesa respondió, "Yo misma mato por mi misma".

Lucharon por largo y duro tiempo hasta que Collen le rompió el brazo derecho a la gigantesa. Caeres y Bwich se puso el brazo derecho en la mano izquierda y lo usó como arma. Collen le rompió el otro brazo, y la gigantesa tembló de dolor y furia. San Collen luego mató a la gigante y se lavó la sangre en un pozo cercano, conocido por ello y desde entonces, como el pozo de San Collen. Creo que ésta es una historia muy extraña y poco satisfactoria, y me pregunto si no es nada más que un indicador del cristianismo derrotando al paganismo.

Sea o no, esta historia da fin al capítulo de los tres pozos.

## 26

## LA CONEXIÓN GALESA

Para un país tan pequeño, Gales ha empujado para salir sobre su tamaño en todo el mundo. Muchas personas ni siquiera se dan cuenta de que muchas grandiosas personas han sido galesas, o tuvieron relación con galeses. Por ejemplo, Tommy Cooper el comediante, Roald Dahl el autor, Robert Recorde el matemático del siglo XVI, Geoffrey de Monmouth quien ayudó en la creación del Rey Arturo tal y como el mundo actual lo conoce, y Aneurin Bevin quien inventó el NHS. Los hombres y mujeres galeses fueron también instrumentos en la creación de un país que es actualmente parte de Francia y al nombrarlo, uno de los iconos más celebrados de Inglaterra.

En vez de pasar por una lista extremadamente extensa, debo iniciar con un par de personas en donde la conexión galesa es fuerte. Mi primero es un comediante. Tommy Cooper, uno de los comediantes más exitosos del siglo XX, nació en la calle Llwyn Onn, Caerphilly, en marzo de 1921. Su tez roja y sus trucos mágicos de bufón se volvieron icónicos para toda una generación, aunque también fue un mago serio, asi como un tremendo animador. Sus raíces galesas deberían ser más conocidas.

Big Ben, la campana entre las Casas Británicas del Parlamento, también es nombrada en honor a un galés. Benjamin Hall fue el Barón de Llanover y Abercarn y estuvo grandemente involucrado en la instalación de la campana. Hall era extremadamente alto, y algunas personas creen que la campana fue nombrada en su honor.

Por supuesto, los Estados Unidos de América no pueden ser excluídos. Su Universidad de Yale fue nombrada así en honor a Elihu Yale, quien fue sepultado en la iglesia de San Giles, Wrexham. A pesar de que Yale nació en Boston, Massachusetts, Yale provenía de una familia galesa de Plas yn Lal en Denbighshire. El nombre original de la familia era Lal, con el equivalente inglés más cercano siendo Yale. Fue un benefactor de importancia que provenía del entonces "Colegio" y como resultado, en 718 la escuela fue renombrada "Colegio de Yale"

En contraste, el nombre de Sarah Morgan no se escucha a menudo de los labios de la gente. De hecho, yo dudaría de que una persona en un millar haya escuchado en algún momento hablar de ella, a pesar de que dio a luz a un hijo que fue uno de los pioneros iniciales más significativo de los EEUU. Sarah Jarman Morgan era de una familia cualquiera de Gwynedd y nació en 1700. En 1720 contrajo matrimonio con un cuáquero inglés llamado Squire Boone y le dio once hijos, incluído Daniel Boone, quien abrió Kentucky y le dio origen a un ciento de leyendas e historias.

## LA COLONIZACIÓN GALESA DE BRETAÑA

Mucha gente cree que el "Gran" de "Gran Bretaña" nos describe un tipo de orgullo nacional, como si los habitantes de Bretaña estuviesen presumiendo de su poder y estatura. Afortunadamente, esa creencia es incorrecta. La palabra "grande" es para contrastar con la otra Bretaña, de manera que tenemos una "gran" Bretaña que abarca las tres naciones de Gales, Escocia y Francia, y muy poco Bretaña, que es Britania, ahora parte de Francia. ¿Cómo sucedió todo esto? Bien, de ello le podemos dar todo el crédito a los galeses.

Mientras muchas tribus germanas sentían inclinación por toda Europa, invadiendo y masacrando y generalmente comportándose como los godos y vándalos que fueron algunos, y también hubo un movimiento desde Bretaña al continente. Con los sajones y anglos, paganos, haciendo su carnicería por todo el camino hacia Bretaña, muchos bretones de Cornwall y Gales consideraron inteligente salirse del camino, rápido.

Se encaminaron al mar y en dirección este, desembarcando en esa porción de Francia que tomó su nombre, convirtiéndose en Britania. El líder de esa expedición fue Conan Meriadoc, y de hecho sería muy raro el que los galeses ambulantes no hubiesen llevado la cultura con ellos.

Siglos después de que sus ancestros huyeran de Gales y otras partes de Bretaña frente al rostro de Sajones y Anglos, los pueblos de Bretaña fueron importantes en la invasión normanda de Inglaterra de 1066. Los bretones se habían casado con los normandos y estaban altos en los estratos sociales cuando llevaron sus lanzas en Hastings y la conquista de la Inglaterra Sajona. Es raro de que los descendientes de los británicos indígenas hayan retornado a ayudar a derrotar al pueblo que había invadido su tierra patria.

La siguiente sección se salta muchos siglos a otra tierra que ni siquiera era galesa. Sin embargo, la conexión galesa es fuerte.

## ALICIA EN LA TIERRA DE LAS MARAVILLAS GALESA

Sobre la costa norte de Gales se asienta Llandudno, un hotel de primera con un repertorio completo de atracciones que ha entretenido y divertido a familias durante décadas. En la costa occidental cerca de Llandudno hay dos rocas. Probablemente no haya nada raro con respecto a rocas en la costa, pero estas dos fueron nombradas El Carpintero y La Morsa. Usted podrá reconocer los nombres ya que ambos son mencionados en el famoso libro de Lewis Carroll *Alicia a través del lente*. Probablemente este simple hecho sería menos sorprendente si uno nota de que la Alice verdadera se llamaba Alice Liddell, quien pasó sus días de niñez en Llandudno.

Era 1861 cuando la Alice Liddell de ocho años visitó Llandudno. Ella se quedaba en lo que es ahora el hotel San Tudno en la costa norte y luego en su casa de verano en Penmorfa en la costa occidental. Hay una disputa sobre si Carroll alguna vez visitó o no a Alice en Llandudno. No hay ninguna discusión en cuanto a que ella le contó sus aventuras, que fueron la base de los famosos libros de Carroll.

Llandudno, por supuesto, capitaliza en la conexión con un sendero a través del pueblo, y una estatua de la autora frente al mar, vistiendo un espléndido sombrero. Otro hombre que posee una conexión galesa fue mucho más poderoso y, probablemente, mucho más extraño.

## EL TALADOR DE ÁRBOLES FLAGELANTE

William Ewart Gladstone fue uno de los primeros ministros más destacados del siglo XIX. En 1839 llegó a Hawarden en Gales del Norte y contrajo matrimonio con Catherine Glynne, nacida en Flint. Extrañamente, la forma favorita de Gladstone para divertirse era talar árboles en el parque Hawarden. En 1868 la Reina Victoria le envió un mensaje invitándolo a Windsor en Inglaterra para que se convirtiera en Primer Ministro. Antes de realizar ese viaje hacia el liderazgo de la nación e Imperio, acabó de cortar sus árboles.

Sin embargo, Gladstone tenía otras ocupaciones por las que era menos inclinado a que se conocieran en público que su vandalismo hacia la naturaleza. Asi como levantar prostitutas de las calles para hallarles mejores profesiones, el Primer Ministro parece haber sido también un poco masoquista. En sus diarios admite que tuvo largas conversaciones con las damas de la calle, tras las cuales se flagelaba a si mismo. Uno se pregunta sobre la conexión y el tema de las discusiones.

Entonces, Gales tiene una gran cantidad de conexiones extrañas con el mundo. Y, de hecho, no es necesario viajar sobre el agua para encontrar rarezas. No en Gales, en donde hay demasiadas rarezas en el agua.

## 27

# HISTORIAS DE LOS LAGOS

Gales es tierra de montañas y agua. Así como la magnífica costa, hay supuestamente 398 lagos naturales, lo que es indudablemente suficiente para cualquiera en el país. Lógicamente, los lagos han sido creados también según algunas raras historias.

## EL LAGO DE LAS MUCHAS LEYENDAS

Hace muchos años vi por primera vez el lago. Había estado haciendo caminata por los Beacons con una mochila en mi espalda y lodo en mis botas. Estaba cansado hasta más allá del agotamiento, con cada músculo gritando por algo de descanso y mi estómago seguro de que mi garganta había sido cortada varios días antes. La lluvia caía de un cielo implacable, y cada paso se atascaba dentro del lodo acuoso, y aún así logré ver la majestuosidad y captar la magia.

Hoy en día es conocido como lago Llangorse, y es conocido como un centro para deportes acuáticos y un paraíso natural para la vida silvestre. En el pasado tuvo muchos nombres, desde Brycheiniog Mere hasta Llangorse Pool y Llyn Syfaddon, y era muy conocido por sus muchas leyendas.

El lago Llangorse es el cuerpo acuático natural más grande de todo el sur de Gales. Situado en los Brecon Beacons, between the Black Mountains y los Central Beacons, es un sitio de increíble belleza, rico en historia y aún así accesible tanto para visitantes como para nativos galeses. Según los geólogos, el lago ocupa un vacío formado por el hielo hace milenios. Pueda ser que tengan la razón, aunque la gente que vivió por sus orillas saben que una vez hubo una razón mucho más humana para su creación.

Cuando Gerald de Gales viajaba por sus tierras galesas en 1188, los locales le contaron de cómo creían ellos que se había formado el lago. Cuando el mundo era joven, los habitantes del lago se quejaban de que la Señora de Llansafeddon era rica y huraña. También puede haber sido bella, pero la historia no lo menciona. Sin embargo, un chico local la comenzó a cortejar, ya sea por su apariencia o por su posición, aunque posiblemente por ambos. Desafortunadamente, ese hombre local era muy pobre, y la Señora de Llansafeddon apenas y lo volteó a ver antes de despreciar su propuesta matrimonial.

En donde hay voluntad se encuentra la manera, y el joven se aventuró al camino pedregoso del cortejo, acechando y asesinando a un comerciante, para tomar sus bienes. El comerciante debió haber sido raramente rico pues cuando el joven le mostró su nueva posición social y económica, la Señora de Llansafeddon quedó muy impresionada.

"¿Cómo te enriqueciste tan rápido?" Preguntó la Dama.

"Te contaré, pero prométeme no contarle a nadie más", dijo el joven.

"Muy bien" respondió la Señora, y escuchó el relato del muchacho.

"¿Entonces te casarás conmigo?", preguntó el hombre.

Aparentemente, no pensó que la moralidad estuviera en un alto puesto prioritario dentro de las cualidades de la dama.

"No", dijo la dama. "Primero deberás visitar la tumba del hombre que asesinaste y apaciguar a su fantasma".

Aún loco de pasión y lujuria por la Dama, el hombre siguió sus sugerencias. Viajó a la tumba y le habló al fantasma.

Mientras estaba allí parado, sonó una voz desde la nada. "¿No hay venganza para la sangre inocente?"

Antes de que el hombre pudiese pensar en una respuesta, sonó otra voz. "No hasta la novena generación", dijo la segunda voz.

La novena generación sonaba muy lejana, de manera que cuando el joven reportó lo que había sido dicho y la escala temporal de seguridad, la dama accedió a la boda. Celebraron la sacra ceremonia y fueron a prisa a la cama. Ambos eran jóvenes, ardientes y fértiles, de modo que en una nada lograron engendrar un vástago. Los hijos de la pareja fueron igualmente productivos, de moda que los nietos y los bisnietos, e incluso los tataranietos y tataratata-ratataranietos andaban rondando por ahí, dispersando sus semillas con entusiasmo. De hecho, la familia creció tan rápido que pronto llegaron las nueve generaciones todas regadas en el campo.

"Esas son las nueve generaciones", dijo la Dama de Llansafeddon, contando con sus dedos y agradecida de no tener que quitarse las sandalias para usar los dedos de sus pies. "Nueve generaciones y no ha sucedido nada malo. La profesía estaba mal. Celebremos".

"¡Una fiesta!" Exclamó su ahora-no-tan-joven esposo, y prepararon festividades de triunfo. Toda la familia, tan extensa, fue invitada y se reunieron en la hondonada en donde habían establecido su hogar. Tenían casas y tierras e incluso una iglesia; eran acaudalados y felices y descuidados de sus pecados. Mientras celebraban, el suelo comenzó a retumbar y temblar, la tierra se abrió alrededor de ellos, y de un gran tirón, se tragó a todas las nueve generaciones, con todas sus casas y tierras y todas las riquezas que habían sido tan malvadamente ganadas.

Mientras se hundía la tierra, el agua remplazaba su lugar, cubriendo las tierras y edificios y pecadores y esperanzas y sueños y toda evidencia de maldad. E incluso tan adelante como al siglo XIX, la gente creía que había un pueblo hundido debajo de las aguas del lago, y en días claros era posible ver los antiguos edificios muy profundo bajo el agua.

La segunda vez que visité el lago ya sabía la historia, pero no pude ver los edificios. Había muchas otras cosas extrañas por allí, también. Gerald de Gales también escuchó sobre corrientes verdes y rojas que producía el lago para advertir a la gente local de que acechaba el peligro, presuntamente ataques de los caballeros anglo-normandos vecinos. Actualmente los científicos nos dicen que estas corrientes de colores eran algas en floración, lo cual es probablemente más objetivo, si menos reasegura a la gente el vivir una existencia precaria en una frontera volátil.

Y aquí no acaban las maravillas del lago Llangorse. En la edad media, cuando los hombres remaban en lanchas de pescadores en el lago para pescar, se creía que un afanc vivía en estas aguas, esperando arrastrar al fondo a gente distraída y así matarla. En común con muchos de monstruos de esta clase, el afanc de Llangorse tenía nombre. Se conocía como Gorsey, aunque yo sospecho de que este nombre se originó del miedo y probablemente ha disminuído la creencia. Lewys Glyn Cothi, también conocido como Llywelyn y Glyn, un poeta del siglo XV, mencionó el afanc:

*"El afanc soy, quien, buscado, aguanta*
*Oculto a la orilla del lago"*

No creo que este monstruo en particular haya sido visto en años recientes. Como el Nessie escocés, es más una criatura de la que se debe hablar, más que una que se debe mirar.

Tras esa breve mención de la pesca en bote de remos, este me parece un buen sitio para mencionar ese raro oficio. Hay sobre pesca de remos en varias aguas galesas, incluído el rio Towy. Los Coracles, como se conocen en inglés, son embarcaciones para el río, indígenas de Bretaña aunque ahora, principalmente, probablemente usadas exclusivamente en Gales. El curragh irlandés es similar, pero más grande. Los botes galeses son constuidos con una armazón de cenizo o de avellano, alrededor de un metro de ancho por uno y medio metros de largo. Actualmente se le coloca una lona tensa sobre la armazón, aunque originalmente habrían sido cueros de animal, de toro o vaca.

Estos botes Coracles son livianos, de modo que uno puede acarrearlos sobre la espalda, y son usados para pescar en el Towy y otros rios galeses. El sistema es centenario, con dos botes trabajando juntos con una red entre ellos. Estoy totalmente consciente de que la pesca con este tipo de bote no puede estar clasificada como rara, sino que la retención de esta antigua práctica es la que es demasiado impresionante como para ser ignorada.

De regreso en el lago Llangorse: incluso menos conocida es la puerta secreta en las rocas cercanas. Según la leyenda, en algún lugar de los alrededores del lago, hay un portal a otro mundo, o probablemente incluso a otra dimensión. Esta puerta sólo aparece un día al año y, si uno es afortunado, puede ver la tierra de las hadas. La puerta se abre a una pequeña isla en la mitad del lago, en donde viven las hadas.

Y como cosa suficientemente extraña, hay una isla en el lago, pero en vez de hadas, se piensa que fue un rey local quien residía aquí cuando las cosas se ponían peligrosas afuera. El término apropiado para esta isla artificial es crannog, y tiene mil años de antigüedad. Tal vez una isla como esta fue la que desató tantas historias sobre las hadas.

Por último en este tan extraño lugar está la historia de la anciana, un cuento que nos remonta a la Señora de Llansafeddon. Según la leyenda, hay ocasiones en las que la punta del campanario de una iglesia se asoma sobre el agua, y una anciana se posa sobre la veleta. Ella es la conocida Anciana de Llangors, y solía seducir a niños a acercársele.

"Ven, mi pequeño", decía, y el niño caminaba voluntariamente a su regazo, sólo para que infante, mujer, veleta, torre y el tío Tom Cobley, todo se desvaneciera debajo de las aguas del lago. ¿Habrá sido creada esta historia para advertir a los pequeños de no acercarse demasiado a la orilla del lago, una memoria folclórica del monstruo del lago, o una versión distorsionada de la historia de la aldea sumergida? No lo sabremos nunca con seguridad, pero vaya que le da un toque de misterio a este adorable lago galés.

## NO CONFÍES EN LA DAMA

También en las almenaras de Brecon, en Llyn Cwm Llwch, cerca de una puerta secreta que lleva a otra isla de hadas, hay una anciana. Esta dama canta las canciones más maravillosas e interpreta las tonadas más bellas en su arpa. De hecho, ella es tan encantadora, que la gente sigue su música como si fuese la Flautista Mágica. Caminan a las aguas del lago, sólo para ahogarse. Esta dama es más que tu homicida serial promedio, pues mata con un propósito. Tan pronto como haya ahogado a novecientas personas, será joven de nuevo, o sea que ten cuidado si te aventuras muy cerca.

Hay otra leyenda asociada con este lago. En algún momento en el pasado, unos hombres intentaron drenar el lago para hallar el tesoro de las hadas. Pero cuando lo hacían, un anciano emergió de las aguas y emitió una advertencia muy clara:

*Si disturbáis mi paz,*
*Quedad advertidos que inundaré*
*El valle del Usk,*
*Comenzando con el pueblo de Brecon*

El intento de drenar el lago finalizó y la humanidad no probó de nuevo. ¡Es mejor dejarlo bien tranquilo!

## OTRO LAGO CON UNA BELLA DAMA

No lejos de Llandovery en Carmarthenshire hay un lago bien pintoresco, conocido como Llyn-y-Fach, que contiene una pequeña y extraña leyenda. Un día, hace muchos siglos, un vaquero pastoreaba su ganado junto al lago, cuando se dio una conmoción en el agua, y emergió la mujer más bella que nunca hubiese visto antes. Ella le sonrió y se deslizó suavemente entre las tranquilas olas. El vaquero quedó demasiado impresionado como para poder hablar, pero regresó al punto una y otra vez, esperando ver algo de esa dama de nuevo.

Ya casi se había rendido, cuando ella emergió una vez más, sonriendo de forma tan seductora, que sintió que se le detenía el corazón y quedó boquiabierto. Sin embargo, no se rindió y ella se le apareció por tercera vez, cuando pudo por fin hablarle. El sabía que estaba enamorado y le pidió su mano en matrimonio.

La dama del lago aceptó, pero con dos condiciones: una era que él nunca debería contarle a nadie de dónde venía ella, algo a lo que él accedió inmediatamente. La segunda fue que si el alguna vez la hería tres veces, ella regresaría al lago, llevándose con ella todos los bienes mundanos. El pastor accedió, pues no tenía intención de golpear jamás a una mujer tan bella como ella. Era evidente que la dama no era una mortal, pero al pastor no le importaba si ella era un hada, una diosa o una bruja, mientras fuera su esposa.

Esta historia conlleva un tenue eco de una antigua ley galesa que prohibía a un hombre de golpear a su esposa, a menos que ésta hubiese cometido un crimen muy grave, y entonces sólo se le permitía golpearla tres veces.

La pareja se casó y ambos vivieron felices por siempre, con su fortuna en incremento y la reputación del pastor creciendo de forma constante año con año. La pareja tuvo tres guapos hijos - y ahí es donde la leyenda se divide. Una versión dice que la prosperidad y el éxito se le subieron a la cabeza al pastor, y comenzó a desairar a sus antiguos amigos y renegar de sus promesas. Y mientras se hundía su reputación, comenzó con el mal humor que, tras un fracaso en un trato comercial, hizo que abofeteara a su esposa.

Ella dio un paso atrás, sosteniendo su rostro, y le recordó el contrato nupcial. Impresionado por su propio comportamiento, le pidió perdón, lo cual ella inmediatamente concedió, pero las cosas ya no fueron como habían solido ser. En otras dos ocasiones más, él la abofeteó y, a la tercera, le recordó su pacto y dejó el matrimonio, con todos los animales siguiéndola dentro del agua.

Otra versión dice que él no la golpeó y no se puso malhumorado. En vez de eso, el pastor le dio a su esposa una amable palmada con sus guantes, y luego la palmeó en el hombro en simpatía, mientras ella lloraba por un bebé que sabía tendría una breve vida. Intentó no tocarla de nuevo, pero fracasó cuando ambos fueron al funeral del infante. La esposa sonreía, y el pastor le dio una palmada en el hombro, preguntando el por qué de su felicidad durante el funeral. La esposa le respondió que estaba contenta porque el niño sería feliz en el otro mundo, pero que ese era también el tercer golpe, y ella se fue con todo el ganado.

Sin embargo, hay un comentario final, más feliz. Los tres hijos se volvieron doctores grandes y famosos, indudablemente con poderes heredados de su madre.

Y como he mencionado a las hadas varias veces, este es un buen lugar para añadir una pequeña explicación. En Gales, el término más usado para las hadas es *Tylwyth Teg*, lo que significa que eran el buen pueblo, a pesar de que eran cualquier otra cosa menos buenas, sino que diablillos perjudiciales y maliciosos. Eran muy abundantes en la campiña, plagando las cabañas de la gente, amargando la leche y botando las bebidas, manteniendo a las ancianas despiertas en cama y burlándose de lo que fuera que hicieran. Hay historias de que inclusive a mediados del siglo XIX la gente creía en tales cosas, y levantaba barreras de aulaga incluso dentro de sus cabañas para mantenerse protegidos de las traviesas hadas. Por supuesto, las hadas galesas eran distintas de las de otras nacionalidades. Mientras que las hadas (o brujas) inglesas viajaban en escobas, y las escocesas en cascarones de huevo, las más sensibles hadas galesas lograban un aventón sobre el lomo de un perro.

## LA CIUDAD PERDIDA

El lago Bala, o también Llyn Tegid para utilizar el nombre propio, es el lago natural más grande en todo Gales y otro de los que oculta más de un secreto. Uno es sobre un monstruo que se dice acecha debajo de sus aguas, esperando a cualquier humano desprevenido que venga y se ponga a su alcance. Los locales lo llaman Teggie y afirman que luce casi como un cocodrilo. Sin embargo, Teggie, el cocodrilo Bala no está solo pues comparte el profundo e invisible fondo del lago, con la corte y pueblo de Tegid Foel. Al parecer, Tegid está casado con Ceridwen, quien fuera ya sea una bruja o una diosa, o tal vez ambos. La feliz pareja vivía en un palacio rodeado de un pueblo y luego, una noche, una inundación inesperada cubrió el pueblo, el palacio, y la gente en general.

Lógicamente, si uno escoge visitar este sitio en una noche de luna llena, se puede ser afortunado lo suficiente como para ver las luces de la corte de Tegid y Ceridwen. ¿Será esta leyenda otra memoria popular, o un evento real que sucedió hace siglos? Al parecer, algo raro debe haber en esta pequeña extensión geográfica como para que existan leyendas tan similares.

Ahora bien, aquí tocamos un tema que es genuino en su rareza, ya que Llyn Tegid es el único lugar del mundo en el que vive el pez gwyniad. Según los científicos, esta especie quedó atrapada en el Tegid durante la última era de hielo, y aún lo está, 10,000 años después. El pez es demasiado pequeño como para ser acusado de ser Teggie, pero da origen a la pregunta: ¿Qué tal si otra criatura ancestral más quedó, también, atrapada en este lago desde hace 10,000 años, y la memoria popular conservó la imagen? Sólo pensando en voz alta.

Así fue este una rápida gira por una pizca de los cerca de 400 lagos de Gales. Finalizaré con un cuento de las montañas, parcialmente para probar que no soy parcial, y principalmente porque es también un cuento demasiado bueno y adecuado para salir.


## EL GIGANTE DE CADAIR IDRIS

A pesar de que en la actualidad son populares ya los caminantes, Cadair Idris fue alguna vez un sitio que era mejor evitar por muchas razones. Cadair Idris es una montaña en Snowdonia, con el topónimo significando "La silla de Idris", quien era un gigante, un guerrero y - siendo éste Gales - también un poeta. Algunas personas conectan a Idris con Arturo, mientras que otros solían afirmar que en esta montaña había tantas hadas que era mejor evitar a toda costa venir por aquí por la noche. Si uno se queda dormido en este lugar, puede despertar loco, o a lo mejor convertirse en un genio poeta, lo cual no está muy lejos de la locura.

Probablemente más siniestra era la leyenda de Gwyn ap Nudd, quien gobernaba el Otro Mundo, y su grupo de Cwn Annwm vivía aquí, patrullando el área en busca de almas. Los Cwm Annwm eran sabuesos espectrales y definitivamente era mejor evitarlos. Incluso recientemente, la gente ha visto luces revoloteando por la cumbre de esta montaña a mediados del invierno. El cercano Llyn Cau se dice no tener fondo y ser el hogar del monstruo que ahoga a los nadadores. Tuve que colocar un lago para cerrar este capítulo de lagos.

## GALES MUSICAL

Gales, haciéndole justicia, es famosa por su música, que aparece en varios sitios y contextos en este libro, desde los cantos en bodas y partidos de rugby, hasta los salmos en los funerales.

Algunas veces la música es fantasmal. Gales parece tener más música sobrenatural que otras partes de Bretaña. Por ejemplo, en Llandysul en el rio Teifi, hay una pequeña sección llamada "El estanque de la Arpista", en donde, se dice, se ahogó una intérprete de música. El sonido de ella, o de su arpa, aún puede ser escuchado por alguno, pero son escasos los detalles. Pendine, en la Bahía de Carmarthen, es otra de estas villas galesas que se oculta mucho, aunque conocida por causas que van desde intentos de batir el récord de velocidad en tierra, hasta temblores de tierra. Hay muchas cavernas en la piedra caliza, y algunas personas han hallado huesos, y dientes también, allí. No muy lejos queda el Gilman's Point, en donde una vez se vio a una sirena, y uno de los riscos contiene la caverna del Green Bridge, a la que entró un violinista tocando su instrumento. Nunca regresó, y algunas veces se escucha aún su música, un signo que advierte de tener cuidado con el sistema interno de laberintos.

Hay otra caverna musical en Criccieth en Gwynedd en donde un par de músicos vagabundos vieron a dos lindas mujeres. Los músicos siguieron a las damas dentro de la cueva, sólo para encontrarse con que ellas eran realmente hadas, que los atraparon allí para siempre. Ese par aún toca su música, como advertencia para otros. Otra música fantasmal es un poco más amigable, como la que sale de dentro de las ruinas de la Abadía de Talley, del siglo XII, en Carmarthenshire. Hay también una organista fantasma en la Casa Old Stradey quien podría, o no podría ser Lady Mansel, una de los muchos fantasmas que, se dice, espantan en este lugar. También está embrujado el castillo Raglan, en Gwent, con la música de un bardo fantasma. Se supone que se puede ver más a menudo, o se puede escuchar, en donde solía estar la antigua biblioteca, y que podría ser William Herbert, el primer conde de Pembroke. Ya sea que la atmós-fera en Gales haya afectado a los espectros o de que, al ellos ser galeses, comenzaron con música en sus espíritus.

La abadía de Valle Crucis en Llangollen también tiene la música de un coro invisible de monjes. Hay otras mani-festaciones extrañas en la abadía, como una cantera al frente de la abadía que de pronto entra en llamas, o guerreros en armaduras doradas que se aparecen, uno de los cuales podría ser Owain Glyndwr, uno de los activistas principales en la lucha por la libertad de Gales.

Las hadas, lógicamente, también son muy conocidas por su música por todo Gales. Por ejemplo, en Pentraeth en Anglesey, las hadas en la colina de Mynydd Llwydiarth cantan sin ser vistas, y la fortaleza de montaña de Twm

Barlwm, cerca de Pontypool, también es el escenario de música de hadas. Cuando los niños intentan ir a ver la fuente de la música, las hadas se los llevan dentro de la montaña y nunca son vistos de nuevo. Tras tantos miles de años de contacto entre hadas y humanos, uno pensaría que la gente aprendería a mantener protegidos a sus niños. Pero es muy sencillo, amigos: cuiden a sus niños y no les permitan andar vagando por ahí con hadas desconocidas.

Un instrumento por el que los galeses son afamados es el arpa. Por supuesto, siendo galesas, deben ser distintas. Mientras que la mayoría de las arpas tienen una hilera simple de cuerdas, el arpa galesa tiene tres. Como cosa rara, el arpa galesa no es realmente galesa. Fue inventada en Italia en el siglo XVII y no fue sino hasta el XVI que se tomó por galesa. Antes de esa fecha, los arpistas galeses interpretaban un instrumento mucho más común.

Este podría ser el peor sitio como para incluir una palabra sobre lo que es probablemente el apodo más familiar para un galés, pero métanse conmigo. Fue el inglés el primero en llamar al galés Taffy o Taff. Es posible que tal apodo para todo galés se haya originado de la incapacidad de pronunciar correctamente el nombre galés Dafydd, o podría ser que los de fuera se refirieran de esa forma a la gente que vivía cerca de las orillas del rio Taff que fluye a través de Cardiff. El primer uso registrado de esa denominación parece remontarnos a mediados del siglo XVIII, aunque podría haber sido utilizado comúnmente desde mucho antes. Hay otra teoría que dice que ese apodo podría ser un derivado de Amaethon, un dios celta, aunque eso es un poco descabellado incluso para este libro.

Hay una pequeña pieza de versos ramplones que comienza con:

*Taffy was a Welshman, Taffy was a thief*
*Taffy fue un galés, Taffy fue un ladrón*

El poema continúa con una variedad de insultos contra los galeses que no tienen cabida en este libro o en otro lugar. En el siglo XIX, la revista *Punch* de Londres, dio una respuesta con su *Oda a Gales*.

*A la casa de Taffy fui, muchas cosas vi,*
*Limpieza y devoción, obediencia a la ley*
*Si Taffy a mi casa cabalgase, o en el estanque nadase,*
*Pienso que mi Taffy observase, que pudiésemos de él*
    *aprender.'*

Estas pocas líneas no re-establecen el balance, pero tal vez muestren un brillo de la conciencia sobre la calidad que posee Gales. Mi capítulo final aquí mostrará, con esperanzas, algo de la variedad en la rareza de Gales, con una selección de anécdotas que no encajaron en una categoría en específico.

## Y FINALMENTE

Este capítulo es incluso más mescolanza que los demás en cuanto a lo raro y a lo diverso. Muchas de las piezas son muy breves y carentes de detalle, aunque pienso que son lo suficientemente interesantes como para ser incluídas. Comenzaré con un par de deportes que no son exactamente la tendencia.

### DEPORTES RAROS

Cada nación tiene su dosis de deportes extraños, y Gales no es la excepción. En un país obsesionado con el rugby y cuyo equipo de fútbol puede producir a menudo molestias a bienes demográficos y financieros, los galeses y las galesas pueden voltearse ocasionalmente hacia otras ocupaciones recreativas, una de las cuales es el Shin Kicking, término que se puede traducir al español como "Patada en la espinilla". También conocido como "purring", este deporte debe de ser uno de los más raros y más dolorosos que jamás se inventaron. Es muy simple. Todo lo que Usted necesita es un oponente, un par de botas y una increíble tolerancia al dolor. Las reglas son igualmente sencillas. Trabarse de brazos con el oponente, mirarse ambos fijamente a los ojos pero, por debajo, patearse lo más fuerte posible en las espinillas, tantas veces y con tanta violencia, hasta que uno de los dos caiga al suelo por el dolor.

Parece ser que este deporte se originó dentro de los mineros galeses en el siglo XVII (aunque los ingleses lo reclaman) y tardó hasta el siglo XX, en el que fue reinventado de forma más caballerosa en 1951. Se difundió desde Gales hasta Cornwall y luego a Inglaterra, con un encuentro memorable en 1843 cuando dos hombres, totalmente desnudos, excepto por vestir pesadas botas, se estuvo pateando por tres cuartos de hora.

Según se dice en el folclore, algunos competidores murieron en consecuencia, y otros quedaron lisiados de por vida. Se decía que algunos patea-espinillas galeses tenían clavos que sobresalían de los costados de sus botas. Hoy en día es un deporte mucho más civilizado, con zapatos livianos y los participantes con permiso de tener acolchadas sus espinillas.

Y como consuelo de bienvenida, por qué no intentar el Bog Snorkelling, que se puede traducir como "Buceo en el fango". Inclusive el nombre ya me quita las ganas, pero algunas personas disfrutan este extraño deporte. Todos los años se celebra el campeonato mundial de buceo en fango en Llanwrtyd Wells en Powys. Este deporte debe ser muy seguramente uno de los más bizarros entre cualquier otro lugar del mundo. La idea es de nadar a lo largo de trechos de 55 metros de longitud cavados en un pantano y llenos de fango. Las reglas establecen de que los nadadores sólo deben utilizar esnórqueles y sólo utilizar pataletas para propulsarse.

A pesar de la ancestral atracción de Gales por los deportes, el bog-snorkelling es nuevo, con el primer campeonato mundial celebrado en 1985 en el pantano Waen Rhydd en Llanwrtyd Wells. También está el Mountain Bike Bog Snorkelling e incluso un triatlón de Bog Snorkelling, con buceo, monta de bicicleta y maratón. Seguramente uno no podría sacar nada extraño de este deporte.

Mi siguiente aporte es acerca de Cardiff en los 1850s.

## UNA RARA COINCIDENCIA

Como sucede con todas las ciudades, Cardiff se ha expandido desde los últimos ciento cincuenta años, devorando mucha tierra que una vez fue rural. En el proceso ha sido olvidado mucho folclore local, y se han perdido las antiguas historias. Estoy esperanzado de que este pequeño aporte haga que alguna se quede con nosotros.

Alrededor de principios del verano de 1857, una casa llamada Sweldon, en el condado de Caerau, quedó severamente dañada por un incendio. En ese entonces eran alrededor de cuatro millas fuera de Cardiff, no lejos de la calle Cowbridge. Ambos nombres existen aún, aunque el vecindario se ha alterado tremendamente. Incluso antes de que se incendiara, los locales habían dado a Sweldon un atraco. Los rumores abundaban, historias de que la casa había sido una iglesia antes, y mucho peor, cuentos de fantasmas y otras criaturas que rondaban por el jardín, con encuentros espectrales en el huerto. Incluso así, la casa fue rentada con un granjero y su esposa pagando para quedarse en este extraño edificio. Tras el fuego, la casa fue renovada pues el yeso se había desprendido del ladrillo. Durante las renovaciones se halló una cámara secreta, con los restos de dos cuerpos justo junto al dormitorio que el granjero y señora habían ocupado. Como cosa rara, una vez que fueron hallados los cuerpos, finalizaron inmediatamente los avistamientos de fantasmas y otras cosas.

## UN SPRINGHEEL JACK GALÉS

Springheel Jack fue uno de los "coco" o espantajos del siglo XIX. Nadie sabe qué o quién fue o si era uno o varios hombres, si era natural o sobrenatural, revoltosos haciendo jugarretas o el mismo demonio. Apareció varias veces y golpeó, abofeteó, picó o codeó a la gente, mayormente pero no exclusiva, a las damas, y luego saltaba sobre muros o trepaba por fachadas de edificios como si tuviera resortes en los zapatos, y de esta cuenta el nombre, Springheel Jack, con Springheel significando "tacones de resorte", mientras que "Jack" hace elusión a la caja de sorpresa "Jack in the box".

En 1887 se apareció Jack en Chirk en Denbighshire. O mejor dicho un falso Jack intentó engañar a la gente al andar saltando en un cementerio vestido entre una sábana. La gente local de Chirk no se dejaba engañar tan fácilmente y lo recibieron con una lluvia de rocas que lo envió lejos, rebotando de regreso.

Un Jack un poco más creíble llegó a la costa de Caernarvonshire Norte al siguiente año. Este Jack se le aparecía a mujeres solitarias con exhibiciones de salto y gritos recios, aterrorizando también a hombres que caminaban a su trabajo en las horas nocturnas, y generalmente se hacía como una peste. El propietario de un puesto comercial decidió sacar ganancias del pánico general y afirmó haber capturado a Jack, mostrando a un joven acróbata a los espectadores cándidos que pagaban la tarifa de ingreso al espectáculo. Poca gente cayó en la estafa. La policía buscó a Jack, quien ya se había esfumado de la misma forma que apareció.

Diez años después, Jack estaba ya en Neath. Al principio continuó con sus engaños y trucos, tocando las ventanas, emitiendo extraños gritos a las damas y saltando sobre muros. En noviembre irrumpió en la morada de un estilista llamado Newton y atacó a una joven empleada. La broma paró cuando este Jack se arrastró hasta detrás de la chica, rasgó su vestido de pies a cabeza y le cortó el rostro, embarrando con betún también sus mejillas. No es sorpresa que la muchacha se haya puesto histérica. Jack también atacó a la acompañante de una señora a las puertas de la casa Eaglesbush, y le dijo que, si no dejaba de gritar, la amordazaría, pero "si te quedas callada, te dejaré ir".

La mujer obedeció y Jack salió rebotando, sólo para regresar un segundo después, hacer un saludo con el sombrero, y desvanecerse. La gente esperó a que ya se hubiera desaparecido, por el bien de la comunidad, pero en los primeros meses de 1900, Springheel Jack hizo una aparición en Aberystwyth.

Jack esperó en una calle solitaria justo en las afueras del pueblo, apareciéndose a viajeros, saliendo de la nada, saltando sobre muros de 12 pies de alto, aterrorizando mujeres y, en más de una ocasión, atacando a más de un hombre solitario. Las autoridades pudieron haberse burlado de esta criatura y la superstición sin sentido, pero en vez de ello, ordenaron al ejército a formar una patrulla que vigilase el camino y se las arreglase con lo que fuera que hallara.

Felices de tener algo útil qué hacer, los soldados patrullaron con gran entusiasmo, interrogando a todo el que pasaba, metiendo sus bayonetas entre los arbustos y, generalmente, convirtiéndose en más molestia de lo que el rebotador Jack nunca fue. Con la presencia del ejército finalizaron los avistamientos de Jack y la paz regresó a Aberystwyth. Los nervios del pueblo se tranquilizaron, y Springheel Jack se convirtió un poco en una broma. Y esa parece haber sido la última vez que Gales vio a Springheel Jack, o a los hombres que lo imitaron.

¿Habrá sido sobrenatural este Jack? ¿O habrá sido una sucesión de hombres que utilizaron el nombre para aterrorizar a la gente? Esa pregunta aún está sin respuesta.

## LOS EXCÉNTRICOS GALESES

Generalmente son los ingleses a los que tomamos como más excéntricos. Sin embargo, Gales tiene su propia cuota de excentricidades históricas, probando así que la rareza no puede ser monopolizada por un solo pueblo. Mencionaré sólo un par, como el Vizconde Tredegar, quien era sólo un miembro de una familia muy rara. Según la leyenda, la madre del Segundo Vizconde creía ser una Martín Pescador y lo probó construyéndose un nido de pájaro y posándose en él. Sin embargo, también era muy generosa con la caridad, de modo que se le podía perdonar sus pequeñas manías, si eran correctas y no manufacturadas. Su hijo, Evan Frederick Morgan, quien se convirtió en el Vizconde Tredegar, también era un poco loco con las aves, con un guacamayo de mascota, junto con su babuino y canguro en su casa en Newport. No hay nada extraordinario en ello, tal vez, pero su truco fue entrenar a Blue Boy, su guacamayo mascota, a meterse entre sus pantalones y asomar su cabeza por entre su bragueta abierta. Al paracer algunas damas no gustaban de esta rara aparición.

A pesar de que se casó dos veces, Evan también era un homosexual que cazaba activamente jóvenes muchachos de África del Norte y Bali. Quedó como el MP Conservador de la Limehouse en 1929 y tenía un piso en la casa Tredegar, en donde estudiaba lo oculto. Efectivamente, el Vizconde Tredegar era un tipo raro.

Así también fue el 5to Marqués de Anglesey, también conocido como Toppy. En 1898, cuando tenía 23 años, quedó heredero de tanto el título como la fortuna de la familia. Antes de que pasara la primera década del siglo XX, ya se había acabado todo su dinero.

La familia había amasado la fortuna por las minas de carbón, y Toppy la gastó toda en joyas y barcos, pieles y caballos. También se casó, pero estaba muy ocupado con su propio narcisismo como para pasar el tiempo en la cama con su esposa. Tras tres años se divorciaron, con el matrimonio aún sin consumar. Conduciento en un carro, el cual emitía su profundo perfume, se compró su propia compañía teatral para que la gente pudiese ver su actuación. Esta, llamada "El Marqués Bailarín", recreaba "La danza de la mariposa" para mostrar sus movimientos de cadera.

¿Es la riqueza la que crea tales excentricidades? ¿O todos tenemos un toque de rareza, pero sólo la abundancia nos permite dar rienda a nuestras locuras? Yo creo que el poseer riquezas le da a la gente la libertad de mantenerse ajeno a la opinión pública y actuar como desean, sin las restricciones convencionales. Sin embargo, nuestro próximo cuento extraño nos regresa a Cardiff y a un caso de saqueo de tumbas.

## SAQUEANDO UNA TUMBA

Cardiff no es conocido por el sensacionalismo. Es una ciudad sensible y trabajadora, aunque en julio de 1868 hubo un caso que involucró el robo de tumbas. El personaje principal fue un payaso profesional llamado James Fagan, quien estaba casado con una atractiva mujer, y más joven. Su esposa se enfermó de tuberculosis, fue admitida en la enfermería, y murió. Lógicamente acongojado, Fagan vio cómo era sepultada en el cementerio viejo a principios de julio, y regresó a casa a sufrir del duelo de su pérdida.

Sin embargo, sus noches eran perturbadas por sueños de alguien profanando el ataúd de su esposa, y durante el día mantenía una sensación rara de su esposa pidiendo su ayuda. Pidiendo a su cuñado que lo acompañara, Fagan caminó por la tarde, entrada la noche, al cementerio, justo cuando las sombras se alargan y la obscuridad inunda las lápidas.

La puerta estaba cerrada con llave, de manera que ambos se pegaron a las rejas de hierro, intentando ver la tumba de la Sra. Fagan, que estaba demasiado lejos de la entrada como para ser visible. Cuando uno de los encargados les preguntó a ambos hombres si deseaban entrar, aceptaron y caminaron por las hileras de tumbas.

Exactamente como Fagan había soñado, la tumba estaba abierta y, cuando se abalanzó, justamente atrapó in fraganti a un hombre en saco blanco encima del ataúd, desatornillando algo de la tapa. Fagan lo enfrentó y lo arrastró a la superficie, punto en el que el hombre comenzó a tapar de vuelta la tumba con tierra. Cuando Fagan le preguntó si era el enterrador, el hombre respondió con un "no" y se fue corriendo. Más preocupado por su esposa que por el sospechoso, Fagan entró a la tumba sólo para hallar que la tapa del pecho del féretro había sido quitada, así como la de uno de los extremos.

La policía arrestó al profanador, James Barratt, quien confesó que un extraño le pagó dos peñiques para desenterrar la tumba. Fagan mencionó que su esposa gustaba de usar oyas, y que Barratt pudo haber pensado que ella llevaba puesta alguna al momento de ser sepultada. Desearía que hubiera más detalles para este caso, sobre el robo de la tumba y, más interesante, el avistamiento o, mejor dicho, el sonido de una voz desde más allá de la tumba. En cualquier otro lugar tal incidente podría haber causado mucho alboroto. En Gales fue aceptado como algo normal.

Y ese es el final del libro de Jack Strange sobre el Extraño Gales. Espero que Usted haya encontrado este libro agradable a la lectura así como yo lo encontré a la investigación y escritura. Para cada fantasma incluído, al menos diez fueron dejados fuera, y apenas toqué el tema de los castillos, montañas y lagos. Gales es un país de constantes sorpresas, con tanto oculto al visitante casual. Es un país en donde todo tiene una canción; la espuma de las olas canta cuando rompe en la playa, los ríos cantan en su secreta soledad a través de las montañas, e incluso el viento susurra su propia melodía.

Para entender Gales, vaya al Estadio cuando el equipo galés de rugby esté jugando un partido importante. Lo reto a que no sienta escalofríos cuando la multitud cante *Bread of Heaven* (*Pan del cielo*). O a que visite las montañas cambrianas en la obscuridad de una tempestuosa noche de octubre, cuando las nubes se escurren por entre las montañas y el balido de las ovejas resuena en eco desde las colinas. O que vaya a la salvaje costa del oeste y vislumbre el mar mientras el sol se mete detrás de las islas. O que visite los valles durante el rosado arrebol del ocaso estival, en donde las filas de cabañas de ex-mineros desfilan como soldados, ocultando la fuerza y las tragedias de los hombres que sacaron oro del suelo a tan terrible costo.

Ese es Gales; ese es Cymru, uno de los países más raros en todo el mundo. Lo amo.

Jack Strange

Aberystwyth, Agosto de 2018

Lightning Source UK Ltd.
Milton Keynes UK
UKHW021058021120
372650UK00004B/772